JN064896

休日ふらりと
サウナ旅

岩田リョウコ

HAVE A GOOD SAUNA!

はじめに

数多《あまた》ある本の、さらには数多ある旅行本の中から、わざわざ「サウナを巡る旅のエッセイ本」というかなり特異なこの本を手に取っていただき、ありがとうございます。この本を手にしてくれた方とは、きっと仲良くなれると思っています。だってちょっと変だもん（笑）。でも、だからこそ、わたしと同じような感覚でサウナを感じたり、楽しんだり、おもしろがったりしてくれる人だって思っています。わたしはこれまで近所の銭湯サウナから飛行機に乗っていくほど遠いサウナまで、全国津々浦々サウナへ行ってきました。この本では、そのうち特におすすめしたい37のサウナを、わたしの体験と共にご紹介しています。

　正直、わたしは、究極サウナはあるだけでありがたいと思っているので、たとえ質の悪いサウナであっても「あのサウナ最悪だった」ということはありません。どのサウナも個性があって、それぞれにいいところがあります。もちろん、わたしは質のいいサウナが大好きですが、その施設の方の想いとか、一緒に行った人とか、行った時の体験次第で、コロッといいサウナになってしまったりするんですよね。だから37のサウナを選ぶのは本当に大変でした。

　実は三年前、「次はサウナの本を書きたいな」と友人に言ったら「そんなニッチなテーマの本、買う人いる?」と言われました。三年かかりましたが、サウナ好きのみなさんの布教活動によって、サウナのイメージが少しずつ変わり、そんなにニッチではなくなり、37に絞るのが大変なほどサウナが増えて、なんならちょっと流行ってる雰囲気になってきています。サウナがおじさんたちだけのものではなくなり、女性が心とカラダを綺麗にしにいく場所になりつつあります。わたしはサウナに出会って、心がずっと軽やかになりましたし、自分の体調を敏感に感じられるようになりました。ちょっと悲しかった日はサウナへ行けば、出る頃には「まーいっか!」ってなってますし、友達とサウナに行けばおしゃべりが止まらないし、疲れている時に行けば、すっと体が楽になります。

　わたしの心とカラダを癒してくれた37のサウナ旅、ぜひふらりと一緒に巡ってください。

岩田リョウコ

もくじ

第3章　終わらせたくないサウナの旅。

HE SAUNA

第1章

目的地＝サウナ、の旅に出る。

サウナ室の小窓に揺れる葉を見ながら汗をかき、川へ飛び込む。自然にそっと溶け込んで建っているMARUMORI-SAUNAは自然の中で五感をひらくことができる場所。

宮城

MARUMORI-SAUNA

川が水風呂

サウナから川までは歩いて15秒。川に浸るもよし、ベンチに座って風を感じるもよし。石の上に寝転がって空を見るもよし。自分が気持ちのよい場所を探すのも楽しい。

自然の中のサウナで感覚を無に戻していく

「目的地、サウナ」という旅をすることが多い。サ旅である。サウナを好きになる前は行きたい観光名所と、その土地の食事なども一緒に旅の計画を立てていた。でも今は行きたいサウナがあるからそこへ行く。

宮城県丸森町に川に飛び込めるフィンランド式サウナ「MARUMORI-SAUNA」ができたと聞いたのは、二〇一八年暮れのこと。フィンランドでは自然の中にサウナがあることは一般的だけれど、日本では珍しい。サウナとは五感をゆるめて感覚を無に戻すことができる場所で、人それぞれ自分に一番大切なものが見えてくるものだと思っている。よく言われる「体も心もととのう」というやつだ。「ととのう」を本物の自然の中で体験できるサウナは特別なごほうびなのだ。

フィンランド式サウナ。75度ほどのやさしい温度だがロウリュをすると一気に汗が。小窓から緑が見られるようになっているため、サウナ室も森の一部のように感じられる。

そんなごほうびサウナへついに行くことになった。写真家の安彦幸枝さんと一緒に。安彦さんが撮る猫の写真がとても好きで、わたしは今ではすっかり彼女の大ファンになった。仙台駅から一時間ほど運転して丸森町に近づくと風景がどんどん緑になり、人にも車にもすれ違わない細い田舎道へ入っていく。

日々生じるストレスは、覆いかぶさってくる黒いベールみたいだとわたしは思っている。最初の数枚は薄くて軽いけれど、定期的に剥がしておかないと積み重なって、いつの間にかドス黒く、重くなってしまう。だから誰もいない自然の中でベールを綺麗に剥がすことはとても気持ちがいい。いや、しかし今回は自分のベール剥がしより、サウナ初体験の安彦さんにこの最高のロケーションでサウナを好きになってもらわなきゃ、という妙なプレッシャーがあった。

到着して目の前に流れる川とサウナ室を見て思わず「わぁ〜、期待通り！」と声が出てしまった。運営し

シンプルで余計なものはないこと、それがとても贅沢。ロウリュ用に白樺など数種類のアロマが用意されている。ハンモックがあるリビングからは木々と川が一望できる。

ている阿部秀一さんが出迎えてくれた。丸森町はサウナが完成して約一年後の一九年十月、台風十九号の直撃により甚大な被害を受けた。阿部さんが倒れた木で塞がれ水が溢れる道を歩き、やっとの思いで現場に到着すると、奇跡的にサウナ部分だけは残っていた。そこから修理・修復をして復活を遂げた。

「癒しと安らぎを与えてくれる自然には怖さと強さも同時にある。どちらも自然の本当の姿で、それをこのサウナを通して知ってくれたらいいなと思います。例えば朝、サウナから出て川へ入れば凛とした空気を感じられ、夜は星空を見ながら川に浸かる。一日の中でも姿が変わる自然の中で自分とどう対話するか、自然とどう生きるかを考えるきっかけになったらいいですね」と阿部さんは話してくれた。丸森で生まれ育った人だからこそわかる自然の魅力だ。

サウナ室には揺れる緑が見える小窓があった。わたしはそれがすごく好きだ。バケツに白樺のアロマを入

白い岩の上をぴょんぴょんと飛びながら川へ入る。膝からゆっくり座って全身を冷たく透き通る川に浸してみる。流れる水は、自然のバイブラ水風呂。たまらない。

れてロウリュする。サウナ室の木の香りと白樺の香りで思いっきり森になった。温まったらいよいよ、歩いて十秒の川の中へ。サウナ室を出てすぐ川という感覚は完全にフィンランドの森と同じ。膝下ほどの水位の川なのにしっかり歩かないと流されてしまいそうで、慎重に体を川に浸す。これが阿部さんの言う自然の怖さだと感じながらも、あまりに気持ちがよくて、もうこのまま流れてもいいかなと思ってしまった。川からあがって大きな石の上に寝っ転がって空を見ていると、地球を背負っているような気分だった。

サウナ、川、石の上を繰り返しながら、ふと見ると安彦さんも同じようにしていた。自然の中のサウナでは「ああして、こうして」なんて教える必要はない。体が熱くなれば冷やして、冷やしたら休憩をとる。それを自然とやってしまう。やっぱりわたしが思っていたとおり、MARUMORI-SAUNAはちゃんと安彦さんをサウナ好きにしてくれた。

台風の直撃を受け、川の形や木の位置も変わってしまったそう。自然は癒しをくれるが、理解して向き合わなければいけない存在だということがよくわかる。

MARUMORI-SAUNA

宮城県伊具郡丸森町不動64−1
不動尊キャンプ場内

MORE INFO ▶ P.088

野田さんが一番こだわったと教えてくれたのが、この小窓。上段に座って上から降ってくる熱い蒸気を浴びながら外の自然を見下ろす窓を作りたかったとのこと。

フィンランドの森に住むおじいさんの雰囲気

ツイッターで見かけた「大自然にフィンランドサウナを作りたい！」というある若者のつぶやき。サウナを好きになり訪れたフィンランドで出会ったテレビのないサウナと薪の音、そしてロウリュ。それを長野・野尻湖で作りたいというのだ。「なんかすごい若者が出てきたぞ」と見ていると、その若者の行動力はすさまじく、クラウドファンディングで資金を集めたかと思えば、あれよあれよという間に手作りの丸太サウナ小屋はできあがっていった。そして二〇一九年二月、本当にフィンランド式サウナを長野の真っ白な雪の中に完成させてしまった。この若者、名前が「野田クラクションベベー」という。一体何者!?

やっと来られた念願の「The Sauna」の前に立つと、

源泉掛け流しの水が木樽に流れ続け、溢れた水が出ていく。チラーに頼らない、その日の天候が決めてくれる水温。毎日が違っていて、毎日が新鮮。こんな贅沢あるだろうか。

フィンランドのおじいさんが薪を持って出てくるのではないかというくらいの雰囲気だった。中を覗こうとドアを開けると、ブワッと熱を感じる。暗がりでパチパチと赤く燃える薪と光が差す小さな窓。そしてフィンランドのおじいさんではなく、あの行動力抜群の若者、野田クラクションべベーさんが「気合入れて温めときましたんで！」と薪を持って登場した。

　まず野田さんにそのぶっ飛んだ名前の由来を聞くと、彼の在籍する会社の社長さんがミッシェル・ガン・エレファントの曲「ミッドナイト・クラクション・ベイビー」から拝借した名前だった。でも野田さんも社長さんもミッシェル・ガン・エレファントのファンでもなんでもないという。さらに野田さんは突然アメリカ横断を社長さんに言い渡され、旅をしながら毎日ブログを書き、帰国後は日本一周＆お遍路をし、音楽経験もないままラッパーデビューまでしている。そのとんでもなく変わった経験はすべてThe Sauna につながっているよう

燃やす薪も現地で伐採したもの。薪のストーブはとにかく手間がかかるけれど、その分パチパチと燃える音に耳を傾け、火を見つめるという聴覚・視覚的な楽しみもある。

に思った。

The Sauna は、最初に感じたフィンランドの森に住むおじいさんの雰囲気のサウナなのかもしれない。なんだろう、口数は多くないし大雑把に見えるけれど、心は広く優しく守ってくれる、そんなイメージのサウナと言ってわかってもらえるだろうか。小屋のヒノキの丸太はハンドカット。きっちりしていないのが逆によくて温かみを感じる。ストーブは薪。電気ストーブよりよっぽど手間はかかるけれど、薪を割り、それを手で火の中に焼《く》べて温度を調節するため、柔らかい空気を出せる。でもロウリュすると一気に「男らしい」蒸気が出るのもここの特徴のように思う。純粋にとてもいいサウナだ。外へ出れば山から流れてくる掛け流しの水風呂がある。冬は雪にダイブできるし、少し歩けば野尻湖にも入れる。どれを取ってもワイルドで飾り気がない。そこにあるものを十分に生かして自然に溶け込もう、一体化しようという、サウナの本質を日本

野尻湖は気候も雰囲気もフィンランドに似ている。こんな絶妙なロケーションに手作りのフィンランド式サウナを建ててしまったのだから……もうこれ以上言葉はなし！

で体現しているのが、このサウナ＝The Saunaだった。サウナを好きになると、本場フィンランドのサウナにたどり着く。そして自然とサウナが共存していることに気づき、日本にもこんなサウナがあればいいな、作りたいなと思いを馳せる人はたくさんいる。でもそれを実際に日本でやることは、ご存知のとおり法律や大人の事情などで難しい。しかし野田さんは、これまでの規格外の経験から「野尻湖にフィンランド式のサウナを手作りしたい」をやれてしまったのだ。

わたしは近所の銭湯サウナや都内にある優秀なサウナ施設に日々癒され、ととのいを与えてもらっているから、機嫌よく生きているのだけれど、たまに「大ととのい」を味わいに自然のサウナへ行くと、季節を感じられ心と体がさらにリセットされる。次に来たいのはやっぱり冬。熱々のサウナを出て、真っ白の景色の中で外気浴したい。

The Saunaに二号棟「カクシ」が誕生。二階建てサウナで一階にストーブ、座るのは二階。二階部分から下に向けてロウリュの水を打つ仕組み。想像しただけで熱い。サウナに入り、野尻湖にカラダを浸し、夜は星空を眺め、冬は雪へダイブする。自然と一体化どころか自然に吸い込まれてしまいそう！

The Sauna

長野県上水内郡信濃町大字野尻379－2
ゲストハウスLAMP野尻湖内

MORE INFO ▶ P.089

サウナラボがついに福岡にも。名古屋のサウナラボと同じく「フィンランドサウナってこういうこと」と教えてくれる場所。そしてここ独特のおもしろさとやすらぎがある。

福岡

SaunaLab Fukuoka

つながるサウナ

サウナラボに来ると、サウナの妖精トントゥが実は「となりのトトロ」のまっくろくろすけのように、見えないだけでいろんな場所に隠れて見守っていてくれるような気がする。

博多のド真ん中で心も体も自然とつながる

フィンランドへ初めて行ったのは二〇一三年。北欧を旅行中に、ストックホルムからフェリーでヘルシンキへ移動した。当時のわたしはサウナのサの字も知らず、フェリー内でジャグジーに入ったついでに一瞬サウナに入った程度だった。当時は、裸文化のないアメリカに住んでいたから真っ裸の女性を見るのは不思議な気持ちだった。そのまっぱの女性が何やらジューッとした瞬間、一気に熱くなり「一体何した!?」と驚き、さっさと出たのを覚えている。無自覚だったがそれがわたしの初ロウリュだった。しかしその後、わたしがサウナとはこういうものだと学び、自覚して自らバンバンロウリュするようになったのは、奇しくもフィンランドではなく、名古屋のサウナラボだった。

サウナラボのサウナはどうしてこんなに完璧なんだろう。温度も湿度も匂いも全部。汗をかいたあとシャワーで流さないのに気持ちが悪くない。汗の質がいいからだろう。

名古屋と福岡で老舗サウナを営むウェルビー代表の米田行孝さんが、フィンランドでスモークサウナに入り、湖で浮かんでいる時に「サウナの本質は自然とつながることなんだ」と覚醒し、この感覚を日本でも味わえたら日本人のストレスを少しでも減らすことができるのではないかと考え、従来の汗だくおじさんサウナを少しずつ変えていった。そしてついに「自然とつながる」フィンランドサウナを現地の雰囲気そのまま名古屋栄のビルの中に作ってしまった。サウナラボの誕生だ。わたしはまだ建設中で木材が転がっている状態の時からサウナラボに入らせてもらい、名古屋のど真ん中、ビルの八階でフィンランドサウナの素晴らしさを知ったという平成の恵まれサウナっ子だ。「サウナってこんなに心も体も健やかに気持ちよくなれるもの」とサウナに対する意識を変えてくれたのがサウナラボだと思っている。わたしはここでの経験から、サウナに入るためにフィンランドへ行くようになった。

明るすぎない照明、熱すぎないサウナ、すべてが「すぎなくて」ちょうどいい。実は一番難しい「ちょうどいい」をスーッと作り出してるサウナラボはやはりすごいサウナ。

誕生から三年。福岡にもサウナラボができたと聞いて、サウナラボ育ちのわたしは福岡へ飛んだ。福岡は予約優先制の女性専用施設だ。入り口はサウナの妖精トントゥの専用かと思うほど小さなドア。まるでドラえもんのどこでもドアのように、この小さなドアをくぐると、福岡のど真ん中でフィンランドへ行くことができるのだ。シンプルで木の温もりがあって、そこにいるだけで自然に包まれているようで、心が優しくなれる雰囲気は名古屋と同じだ。でも福岡はさらにおもしろいことになっていた。

まずは土を掘って作るフィンランドサウナの原型ピットサウナをイメージして作られたドームサウナ。こんなのフィンランドでも見たことがない。天井が低く丸いため、ロウリュすると蒸気が四方八方に跳ね返ってものすごく気持ちがいい。そしてロフトサウナ。一階と二階にそれぞれ茶室の躙口《にじりぐち》ほどの小さなドアがあり、屈んで入る。一階にあるストーブの空間

「風呂」は風の呂と書く。昔々は湯に入るのではなく湯を沸かした蒸気に当たることが風呂だった。一人しか入れない小さな瞑想サウナに入るとなぜかいつもそれを考える。

は、二階部分まで突き抜けてつながっている。一階でロウリュすると、蒸気がグングン二階のロフト部分に上がっていく仕組み。二階の人は一階の人にロウリュをお願いしたり、一階で自分でロウリュして素早く二階へ登ったりする。子供の遊び場みたいで楽しい。そして名古屋同様、メインのフォレストサウナもマイナス二十五度のラップランドを表現したアイスサウナもある。フォレストサウナは温度・湿度ともに絶妙でこの上ない気持ちのよさ。アイスサウナは水風呂がないと物足りないと思う人もいるかもしれないけれど、それは間違い。入っている間はとにかく楽しいし、出たあと、水風呂とはまた違うととのい方を感じられる。

　サウナラボはサウナ好きにとっては日本にいながらフィンランドのサウナへ来ている気分になれる場所、そしてサウナに興味がない人、苦手な人、特に女性に対しては、言葉ではなく体験でサウナのよさを伝えられる場所なのだ。

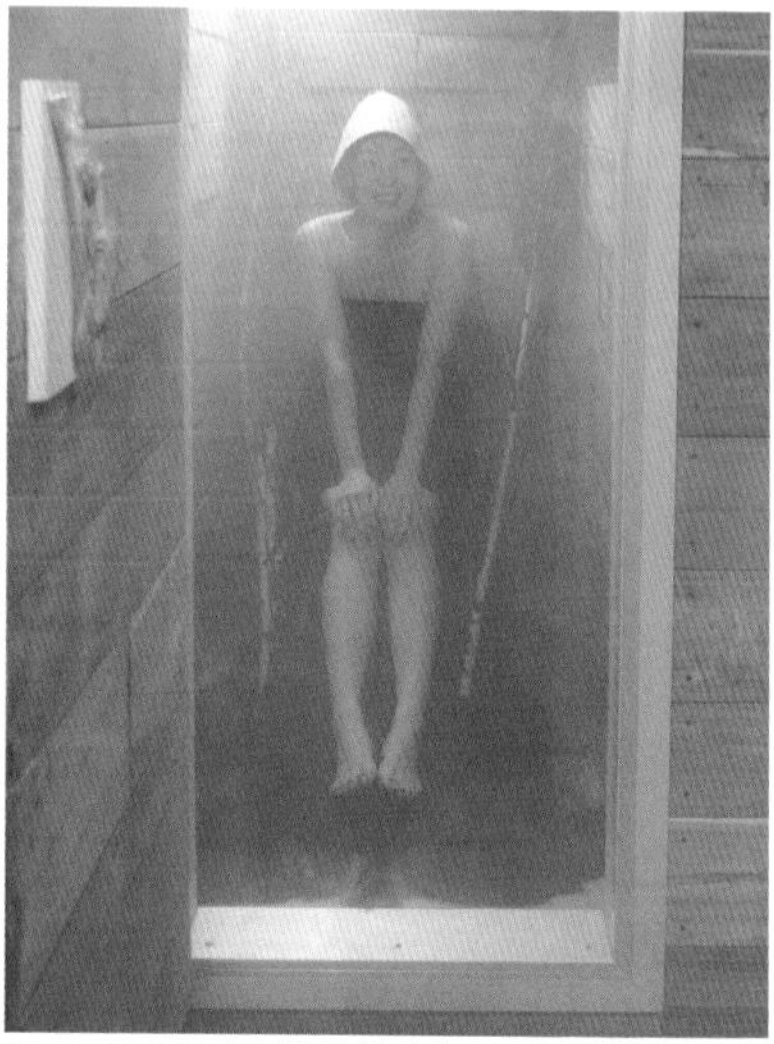

まつ毛も凍るマイナス25度のアイスサウナを出たあと、ハンモックの椅子に座ってみた。ゆらゆら揺れながらくるくる回る。目を閉じていると、ふいにふわっと足に毛皮が触れる。それもまた気持ちがよい。目を開けると白樺の木が横に立っていて、目の前には焚火スペース。一体どこにいるのかわからなくなってしまった。福岡の至って普通のビルにある、人が入るには小さすぎるドアをくぐると、さっきまでいた世界とはまったく違う世界に入り込めてしまう。

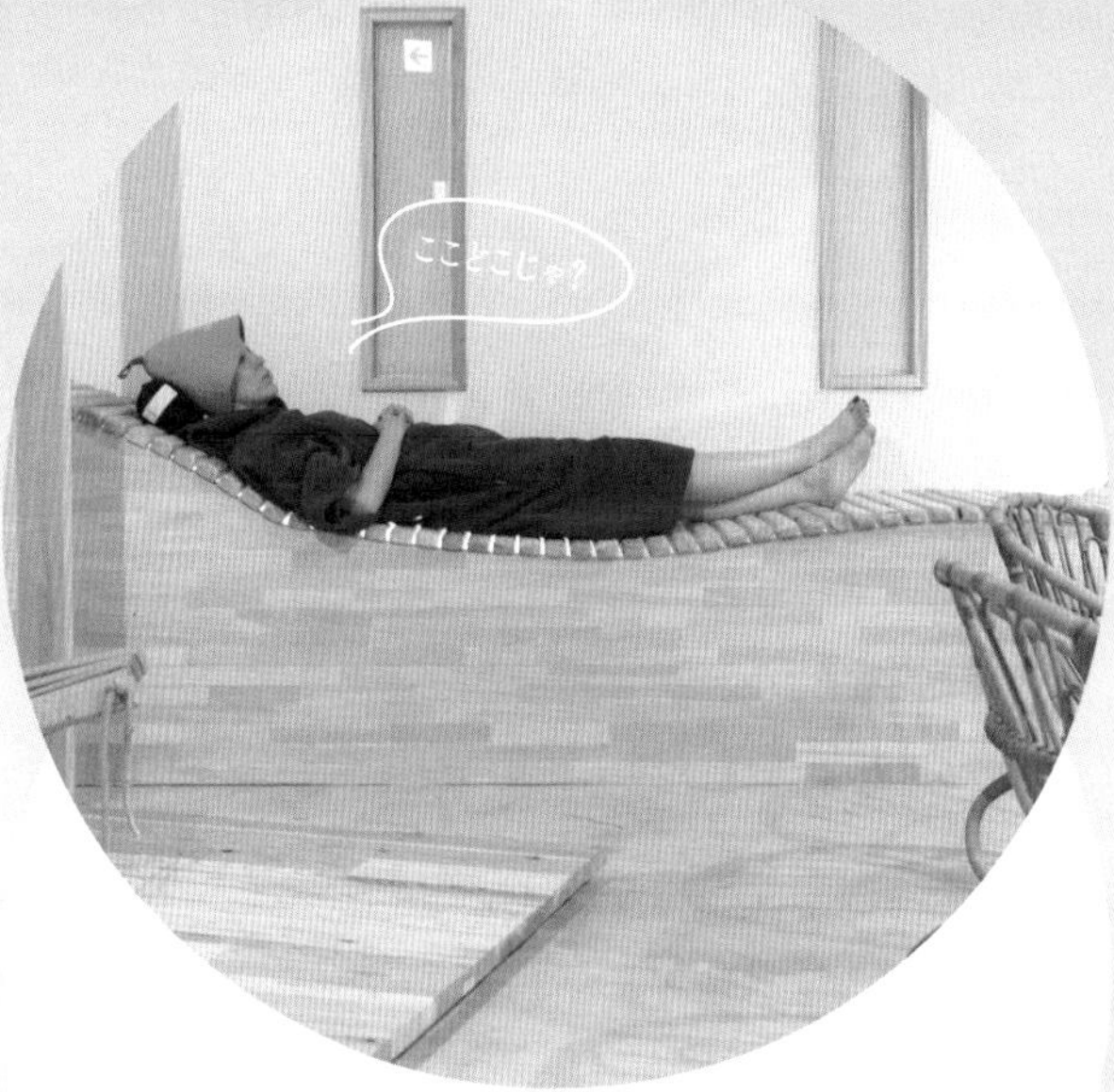

SaunaLab Fukuoka

福岡県福岡市博多区祇園町8－12
ロータリー大和 1F

MORE INFO ▶ P.089

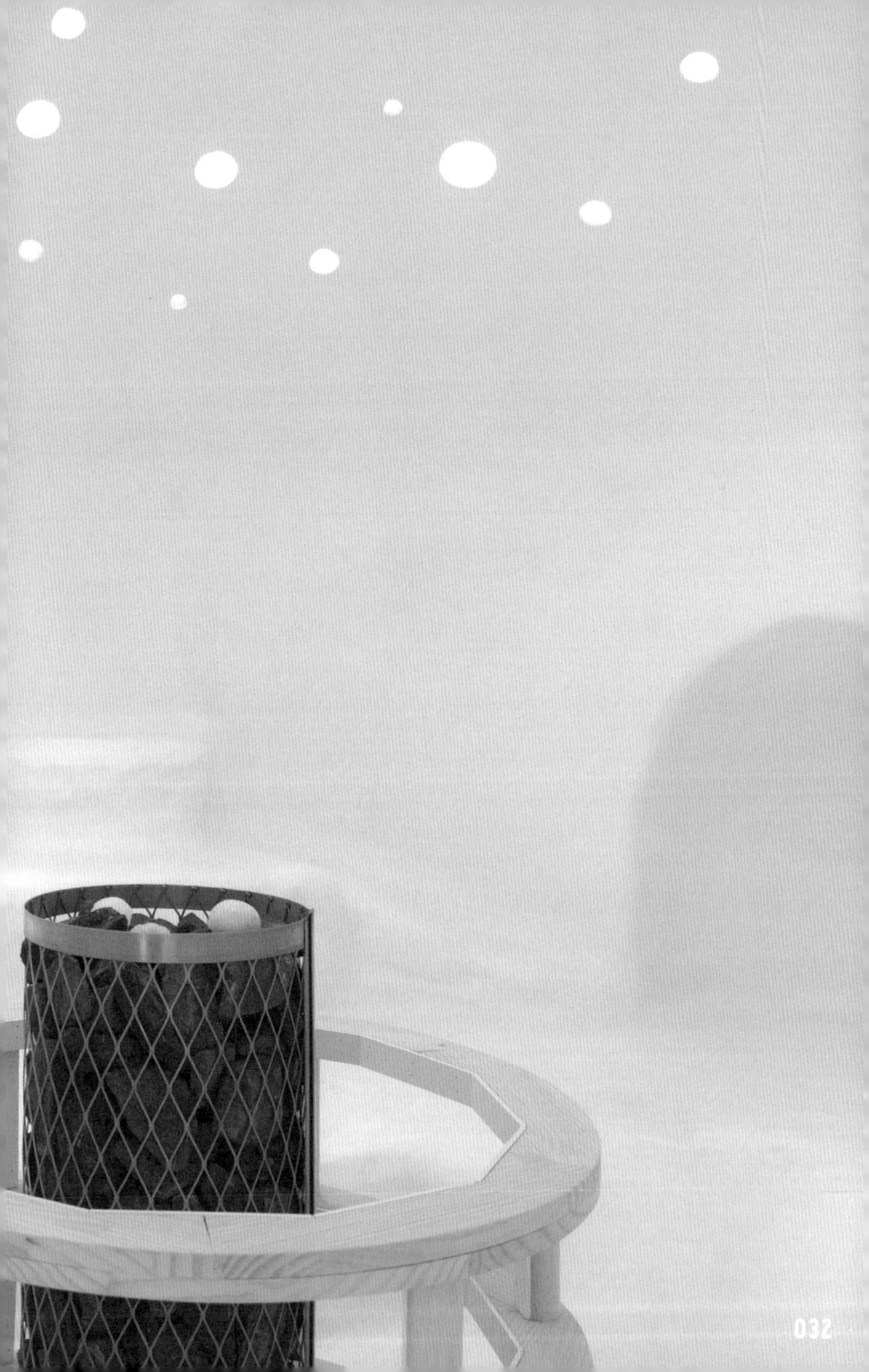

佐賀

らかんの湯

森の中の新感覚

一見、近未来的な姿に見えるけれど、自然の素材をそのまま生かしたような原始的な座部。寒そうに見えるけれど、強力なストーブで熱々。ここは見た目と実際の感じ方が正反対のサウナ。

真っ白な天井の穴からは自然の光が差している。明かりはそれだけ。光と一緒に外の森の音が聞こえてくる。陽は見えないけれど光を感じ、森は見えないけれど緑を感じられる。

大切なのは女性が うれしく楽しくなる感覚

わたしのＳＮＳのタイムラインには全国のサウナ好きたちが行ったサウナや、おすすめのサウナの情報が日々流れてくる。その中で気になるサウナがあると、サウナ検索サイト「サウナイキタイ」でまず大事なチェック事項である、女性が入れるかを確認（男性専用と知ってスマホを放り投げたこと数知れず）。それからサウナ室や水風呂の温度などを調べて、実際に足を運ぶことも多い。ある日、いつものようにサウナで花咲くタイムラインを眺めていて見かけた「白い」サウナ。一体なんなんだ、この寒そうな異次元サウナは。しかもランプが無数に吊り下げられた幻想的な写真も一緒にアップされている……既視感。これはチームラボだ。サウナとチームラボ、この二つは同じ場所

氷のアロマボール「キューゲル」は数種類あって、自分でカクテルすることができる。組み合わせを変えて匂いの変化を楽しむ。わたしはヒバと和ハッカを合わせてみた。

にあるのか。どちらも視覚的なインパクトがなかなかのものだから、実際に行ってじっくり見てみたかった。だから事前に写真や映像を見ないように避け、「らかんの湯」という情報だけで佐賀へ向かった。

　御船山楽園ホテルに着く。エントランスの自動ドアが開くとあの無数のランプが広がった。「わっ、いきなりここ!?」と思わず声が出た。ホテルのロビーにチームラボが手掛けた展示「森の中の、呼応するランプの森とスパイラルーワンストローク」（ふぅ、長い……）があるのだ。一通り写真を撮ったら、本命の白いサウナへ。ここは男女でサウナが違うデザインになっていて、あの印象的な白いサウナは女性側だと聞いて、これも驚きだった。

　サウナの建物のドアを開けると、水族館のペンギン部屋のようだった。サウナ室の前に水風呂と冷凍庫があり、そこにはアロマ水を凍らせた氷の玉キューゲルが置いてある。サウナ室を開けると、ひゃあ、真っ

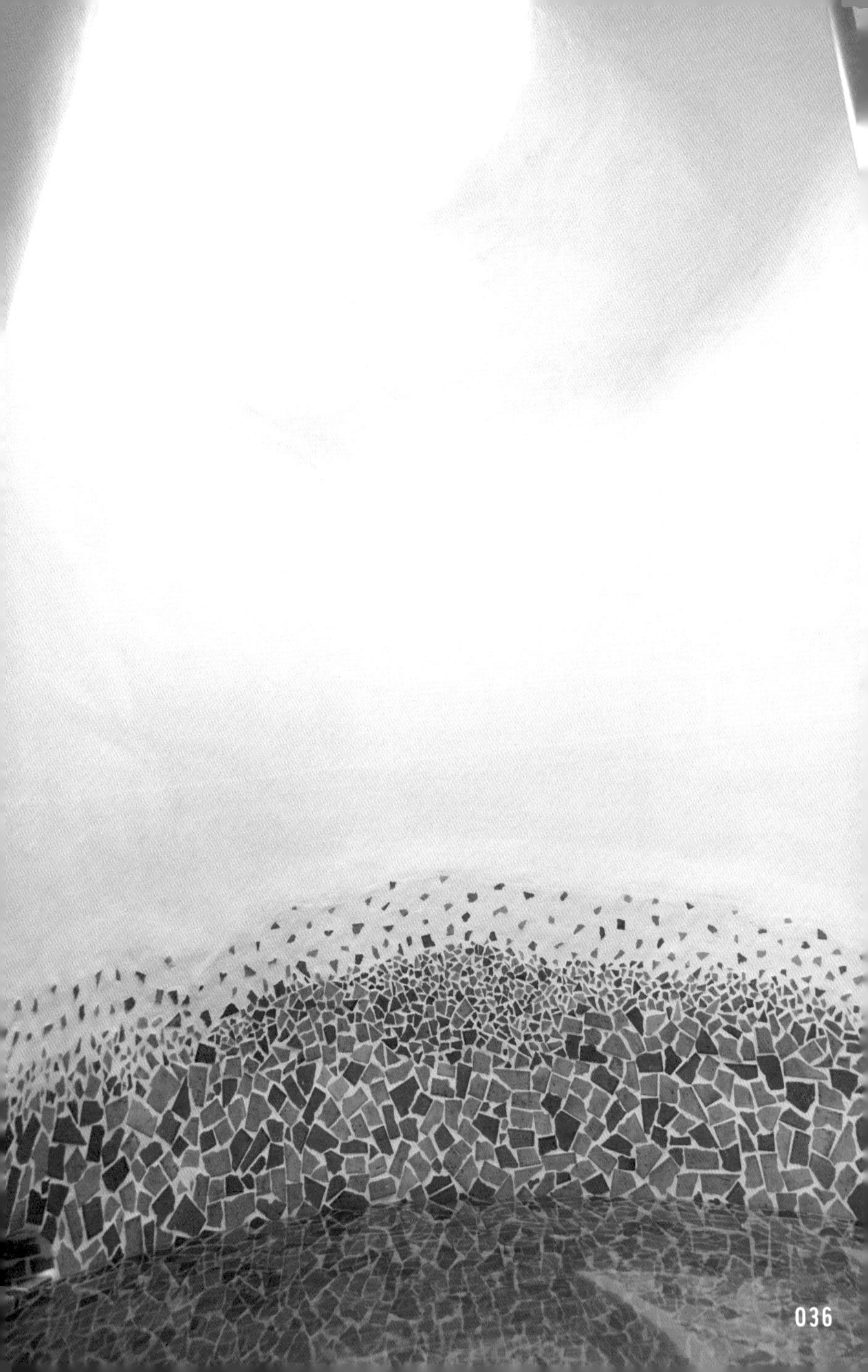

半ガラス張の喫茶室で、絶妙に体にフィットする椅子で御船山の森を見ながらデトックスウォーター、水羊羹、プリンなど食べながら休憩。至れり尽くせりととのいタイム！

白！　アザラシかペンギンが出てきそうな白い部屋。天然の氷の洞窟みたいだ。座る場所も均等ではない。穴が開いていたり、でっぱりがあったり。そして真ん中にはどでかいｉｋｉストーブが。目では冷たいのに体は熱い、新感覚だ。キューゲルをストーブに載せてみた。すぐには溶けない。わたしはせっかちで、すぐに熱々がほしいので、さらにロウリュもしてしまった。すると氷の部屋は蒸気と熱気に包まれ、遅れて氷も溶け出し、ヒバの香りが漂った。蒸気を浴びていると葉が揺れる音、虫の鳴く声が頭の上から降り注いでくる。これ、御船山の森の音をリアルタイムで採取してサウナ室に流しているのだ。室内にいながら耳で自然を感じられるという繊細な演出だった。

　サウナ室を出て水風呂に入る。水風呂は真っ白ではなくカラフルなデザインなので冷たくなさそうと思って入ると、いやいやしっかり冷たい十七度。体全体が心臓のようにドクドクしてきた。そして外へ出る

わたしがサウナを好きなのは言うまでもないけれど、露天風呂も大好物。サウナ、水風呂のあと足だけ露天風呂に浸して休憩するというのも好きなルーティンの一つ。

と、外気浴は御船山の森の中だ。大きな丸いベンチに腰掛けて、さっきサウナ室で耳から楽しんでいた自然を、今度は目で楽しむ。やはり休憩を外で、しかも森を眺めながらというのは一番ととのう。

　最後に思いっきりわたしの心を鷲掴みにしたのは、何を隠そうプリンだった。露天スペースに喫茶室があり、温かいお茶、デトックスウォーター、ナッツやドライフルーツ、水羊羹、そして自家製プリンがご自由にと置いてある。この繊細なホスピタリティ、うれしすぎる。しかもこの喫茶室があるのは女性側のみということ。日本のサウナは基本、男性側にはあるのに女性側にはないというケースが多い。だからわたしはいつだって大きな心でそれを受け入れようとしているのだが、ここは違った。ペンギンの部屋も氷の玉のロウリュもプリンもわたしたち女性のもの。女性がうれしく、楽しくなってしまうことを視覚・聴覚・そして味覚的にも準備してくれている。

らかんの湯

佐賀県武雄市武雄町武雄4100

MORE INFO ▶ P.090

フィンランドの田舎で見かけるサウナ小屋と、これまたフィンランドでよく目にする「SAUNA」のネオン。でもここ、フィンランドではなく大宮。しかも温浴施設の中。

埼玉

おふろcafé utatane

愛しの小屋

サウナコタの中は木の香りが優しい。階段を上がって二階部分に座る。上からサウナストーブにロウリュを。ヴィヒタの貸し出しもあるので、ウィスキングもできる。

露天風呂スペース。ここでととのい椅子に座り、風に当たりながら外気浴を。寝っ転がれるベッドも。外で寝そべりながら休憩できると、ととのい度は格段に上がる。

初めてサウナに出会うのなら いいサウナであってほしい

　わたしは幸せの鍵は「Low expectations, high satisfaction（過度に期待しないから、しあわせ）」だと思っている。過度に期待していない時は小さなことでもとてもハッピーに感じたりラッキーに思ったりするもの。人生はそっちのほうがよっぽど楽しいと思う。でもいつの間にかその気持ちを忘れて、期待して自分が思ったのと違うと落ち込んだりしてしまう。期待しないことがどれだけ喜びにつながるか、わからせてくれたのが「おふろcafé utatane」だった。

　おふろcafé utataneへの期待値はマイナスだった。ごめんなさいとしか言いようがない。これは過度に期待しないどころか、ネガティブな決めつけ。失礼すぎる話なのだけれど、名前を見る限りサウナを感じられず、

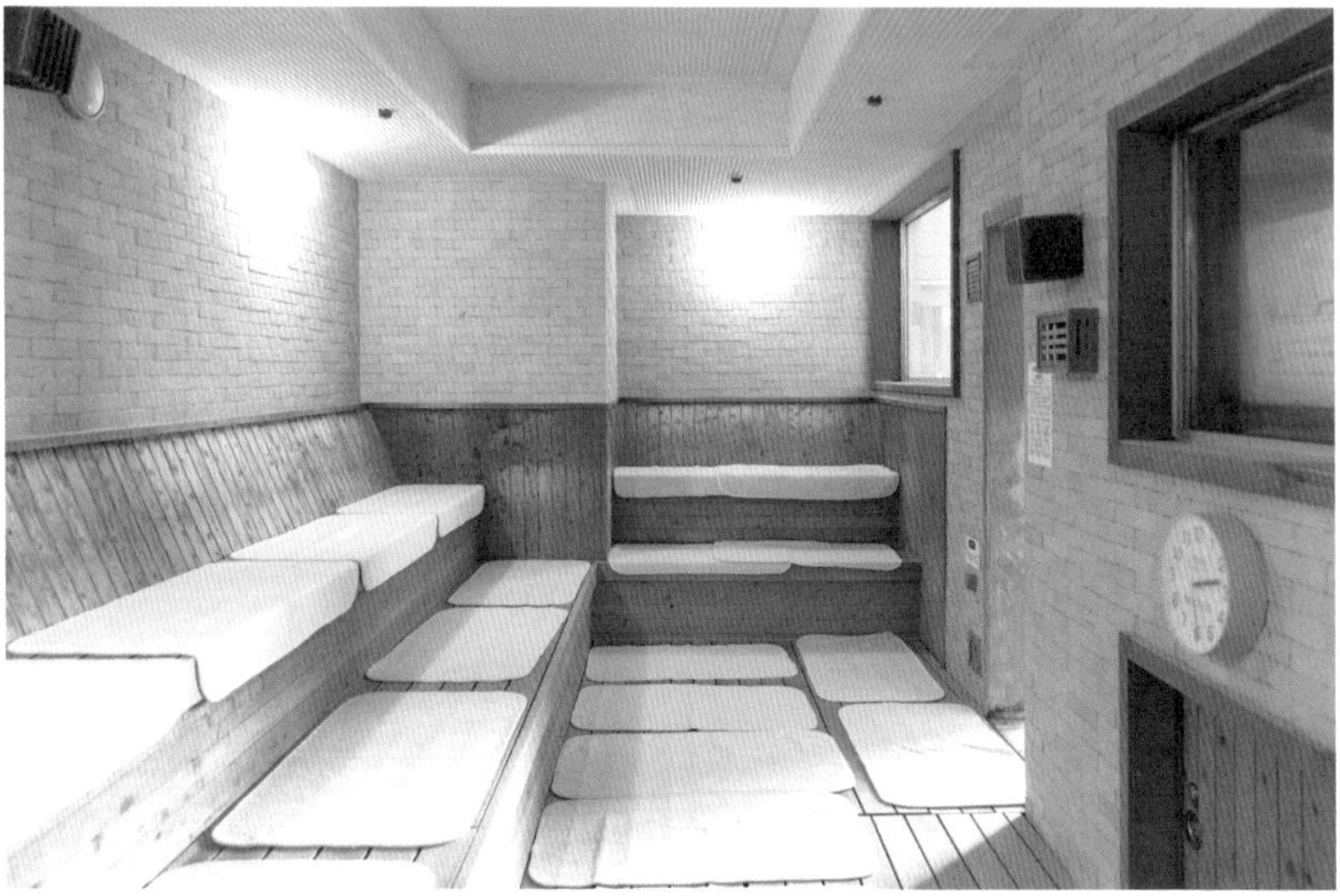

ドライサウナにはサウナストーンがびっしり詰まったイズネスのストーブ。オートロウリュ時には熱々が好きなわたしでもあまり長くいられないほどの熱気。

なんとなく「違う」と決めつけていたのだ。

そんなおふろcafé utataneで、わたしは「誤解しててごめんね」と平謝りした。まず、お風呂場にドカンと突然「ＳＡＵＮＡ」のネオンが光るサウナコタ（サウナ小屋）が鎮座している。もうそれを見たらわかってしまった。ちょっと普通ではないこの風景で、この施設のサウナにかける熱量が計り知れてしまった。

サウナコタの扉を開けるとすぐ上に昇る階段がある。二階建てになっていて、ストーブは下にある。階段の上の二階からセルフロウリュできるようになっている。よくわかっているとしか言いようがない。というのも熱い蒸気は上に昇るからだ。なので天井に近い場所に座ると温度が高い。二階に座らせるのは、熱々の蒸気を体全体で浴びてくださいというメッセージだ。このコタをお風呂場のど真ん中に堂々と建てちゃった人は、サウナのことをよくわかっていると思った。

日本の温浴施設にいることをしばし忘れてしまうほどフィンランドを身近に感じられる演出がたくさん。サーモンスープやミートボールなどフィンランド料理も堪能できる。

思ったとおり蒸気がぶわっと二階に上がってくる。その日締め切りがあり、朝まで原稿を書いていたわたしは、あまりの心地よさにウトウトしてしまった……はっ！　まんまとウタタネしているではないか！　名前を見る限りサウナを感じないなんて言っていた自分に往復ビンタを食らわせたい。

このクレイジーなまでのサウナコタをここに置いた張本人は支配人の新谷竹朗さん。フィンランド旅で出会ったサウナに魅せられて、日本にもこんなサウナを作りたいとお風呂業界に飛び込み、苦労の末、もともと普通の温浴施設だったこの場所にフィンランドの風を吹かせまくっている。

まず建物の入り口を入ると目の前にはオーロラ。オーロラが空を舞っているように見せる演出がしてある。その下には白樺の木と暖炉。サウナハットやフィンランドのテキスタイルなども並んでいて、なんだかフィンランドのサウナショップに来たような気分にな

お風呂上がりにコーヒーを飲みながら漫画を読む人、マッサージチェアに座る人、暖炉を見つめる人、そしてハンモックで揺られる人。それぞれ思い思いの時間を過ごせる。

る。サウナコタで使えるようにと、ヴィヒタの貸し出しもあるし、期間限定だが、自分でハーブやドライフラワーを調合したボタニカルアロマをロウリュの水に浸して使えるようにもなっていた。

ここまでこだわるのには、新谷さんの思いがあった。日本にはサウナ好きをうならせる大自然の中のサウナもあれば、サウナーたちに愛されるサウナ施設もたくさんある。でもサウナとは何かを知らない人が、ここに来て漫画を読んでカフェご飯を食べてお風呂に入った時に、初めてサウナに出会うのだとしたら、いいサウナであってほしい。この場所が「サウナってこんなにいいものなんだ」という入り口になれたら、と話してくれた。

大自然の中で衝撃のサウナデビューを飾った写真家の安彦さんは「体がしっかり温まったから、生まれて初めて水風呂に入れちゃった」とうれしそうに教えてくれた。いいサウナに出会えた証拠だった。

おふろcafé utatane

埼玉県さいたま市北区大成町4－179－3

MORE INFO ▶ P.090

奈良

ume, sauna

柔らかで優しい熱

漆黒のサウナ室は感覚を無にしてくれる。ドアから差す光が外の世界とのつなぎ目役。木が揺れる音と薪がパチパチ燃える音で心地よい瞑想ができてしまうサウナだ。

ストーブには石がぎっしり入っているのにロウリュしてもなぜだかとても優しい熱。薪の燃える音、小窓から差す光、そして茶ロウリュでお茶の香りを楽しんでほしい。

ないものがあることを知る優しいサウナ

サウナ好きは探究心が強く、フットワークが軽い人が多いような気がする。未開のサウナや新しいサウナがあれば、知りたい・行きたい気持ちが蒸気のようにむくむくと立ち上がり、ふらっと行ってしまう人たちなのだ。二〇二〇年、そんなサウナ好きをざわざわさせたのが、奈良の山添村にできた「ume, sauna」だ。

　はじまりはこう。奈良市出身の女性が山添村に移住し、「ちょっと不自由なホテル」をコンセプトに、集落にある築百年以上になる古民家を改装して宿泊施設を作った。その後、自然を感じて心も体もフラットになれる場所としてサウナも作りたいとクラウドファンディングを開始する。そしてあっという間に資金を調達。サウナがある宿が完成したというわけ。

サウナ室の上にあるウッドデッキに登って外気浴。椅子に座って山の景色を眺めたり、ハンモックに揺られて空と木を見たり。何もない、何もしない、何も考えない、ができる。

サウナ好きは行動力のある人が多く、思い描いていることを形にするのがうまく、その上早いとわたしは思っている。それはサウナのおかげなのか、サウナがそういうタイプの人を惹きつけるのか。ume,を作った梅守志歩さんも自分の気持ちや思い描いている世界をしっかり形にできてしまう人なのだ。

集落の細い道を登っていくと一番上にある大きな古民家が、一日三組限定の宿ume, yamazoeだ。梅守さんがお客様を出迎え、食事を準備し、サウナを焚く。コンビニもないし部屋にはテレビもない。電波だって途切れ途切れ。片時もスマホを手放せない毎日から考えると、こういう状況はある意味とても贅沢で、サウナ室に似ている。梅守さんはちょっと不自由なホテルを作った理由を「ないものがあることを知ってほしくて。不自由だからこそ気づけることってあるんです。ないと思っていることは意外と自分の中にもうあるものだったりするんです」と教えてくれた。

山添村の80%は山林。確かに見渡す限り、山！　だから虫だってブンブン飛んでくる。でも虫はそこに生きていて、わたしたちのほうがお客さん。虫が来るのも自然の醍醐味。

気持ちのいい風が吹く中、梅守さんのお話に引き込まれてすでに気持ちがととのってしまった。でも目的はサウナ。梅守さんにサウナへ連れていってもらう。ここのサウナは、野尻湖にあるThe Saunaを作った野田クラクションベベーさんのプロデュース。同じ人が作るとどうしても似たものができてしまいがちなのにまったく違うサウナだ。外側も内側も纏《まと》っている空気がまったく違う。きっちりそろった材木で組まれたサウナ小屋は墨汁で塗られていてシックな色合い。ストーブは同じだけれど、入ってみるとThe Saunaのほうは男らしい熱だったのに対し、こちらは柔らかで優しい熱。作り手が同じでもこんなにサウナの性格が変わるのかとびっくりした。清楚でぴしっとした漆黒のサウナ室には、ドアから一筋の光が差している。ヨガの最後、暗闇の中、屍のポーズで寝転がっている時の雰囲気に似たものを感じる。優しくて熱い絶妙なロウリュの蒸気でしっかり鼓動が速くなっている。

水風呂は水道水だけれど、なぜか気持ちがいい。自然の中にあるサウナのいいことは、季節ごとに景色も空気も水も変わっていくところ。だからこそ何度も訪れたくなる。

サウナを出て水が張ってある陶器風呂にドボン。真夏の暑い日なのに水はひんやり。外にある水風呂は、温度や感じ方が季節やその日の天気によって変わるから好きだ。次来た時にはまた違う姿になっているのかと考えるだけでワクワクしてしまう。休憩するのはサウナ小屋の屋根にあるウッドデッキだ。大きな空の下で山がずっとずっと奥まで続いている。そして顔を上げると迫ってくるような木々。

　山添村の景色をサウナ小屋の屋根の上でごろっとしながら眺める、という特等席で「ないものがあることを知る」という梅守さんの言葉を考えていた。本当はないと思っているものが実はちゃんと自分の中にあったりするし、もしないのならほかで探せばいい。でもそれらを見つけるための目とか心が、毎日の忙しさやストレスのせいで閉じていってしまうのかなと。でもここume, saunaで目も心もしっかり開いた。ととのうを通り越して、戻った！　心と体があるべき姿に。

サウナ上のウッドデッキからの眺め。空を近くに感じる場所での外気浴は初めてで、今まで味わったことのない、空に浮いているような不思議な感覚になった。

ume, sauna

奈良県山辺郡山添村大字片平452

MORE INFO ▶ P.091

2014年に改築されたばかりのデザイナーズ銭湯で、都内の銭湯では珍しい露天風呂スペース。空が見えて風を感じられるだけで、ととのいレベルが大きく違ってくる。

東京

光明泉

風とサウナ

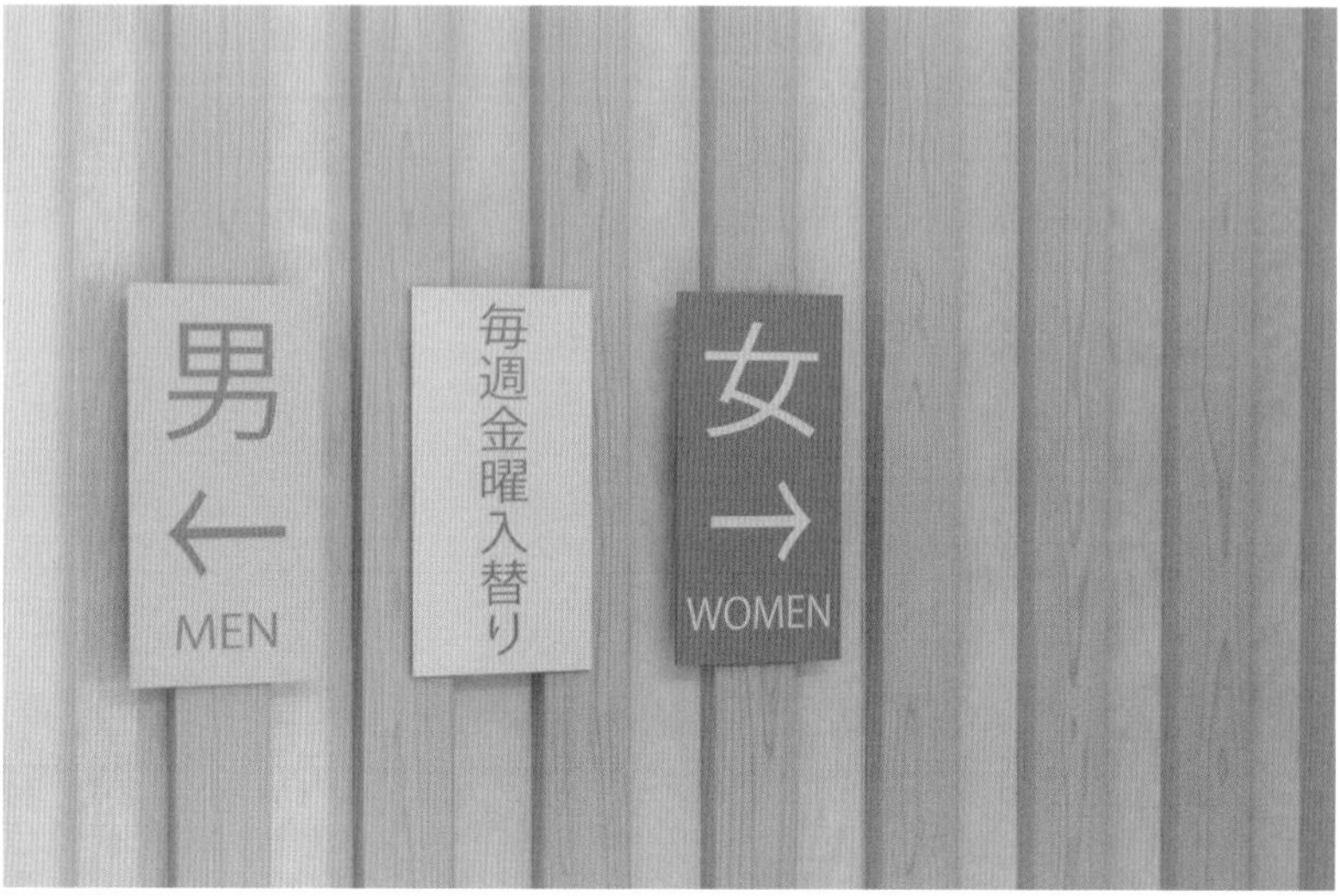

露天風呂は毎週金曜日に男女が入れ替わる。わたしは光明泉に行く時は必ず事前にサイトでチェックして、露天風呂が女湯の週に行くようにしている。本当にいつも清潔で綺麗。

東京の銭湯サウナのことは すべて光明泉で教わった

大学卒業後からずっとアメリカに住んでいた。なんだかんだで不自由なく過ごしていたけれど、一つだけ、どうしてもアメリカ生活で足らないものがあった。それはお風呂。アメリカのバスタブはとにかく浅い。浸かるためではなく、シャワーのお湯の受け皿という役目だから。というわけで、肩までたっぷりゆっくりお湯に浸かることができない生活を送っていたため、帰国時には名古屋の実家へ着くと真っ先にスーパー銭湯へ直行した。夜、露天スペースに座って「日本に帰ってきたなぁ」と実感していた。

そして二〇一七年、日本に戻り東京に住むことになったのだが、ここ中目黒の光明泉で「東京の銭湯カルチャーショック」を受けることとなる。

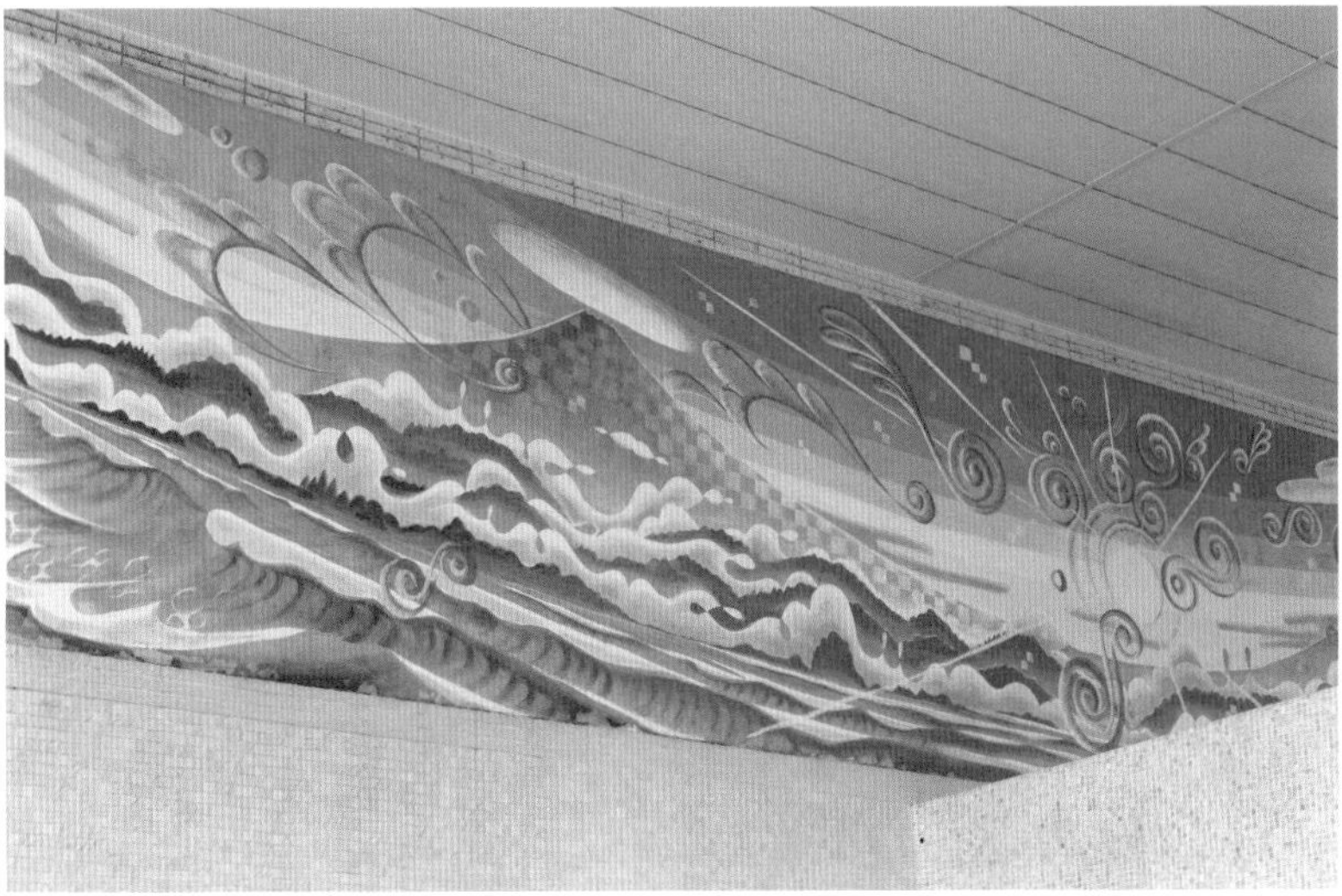

モダンでちょっとスピリチュアルなテイストの富士山の絵が見下ろす浴室には、みんな大好き炭酸泉、人工ラジウム泉、バイブラ水風呂、サウナ室、そして屋上に露天風呂。

東京で初めて行った銭湯サウナが光明泉だった。だから光明泉が東京の銭湯サウナ文化を教えてくれた場所……いや、というか、わたしが勝手にここでほかの地域の銭湯と東京の銭湯との違いを知ったというだけだから、光明泉のサウナから「そんなの知らんがな」と言われそうだ。

東京の銭湯ではサウナを利用したい場合、番台で「サウナ料金」なるものをプラスで払うところが多い。光明泉もそう。初めての日はそれを知らずに入銭料だけで入り、浴室でサウナの入り方がわからず、もう一度服を着て番台に聞きにいくというなんともトホホな事態になった。というわけで東京の銭湯ではまず、番台でサウナを利用することを伝えるのが第一ステップ。するとサウナ利用客用のタオルとプラスチックの靴べらのようなものを渡される。地方出身のわたしが「なんじゃこりゃ」と思った第二のステップが来る。「サウナ鍵」だ。

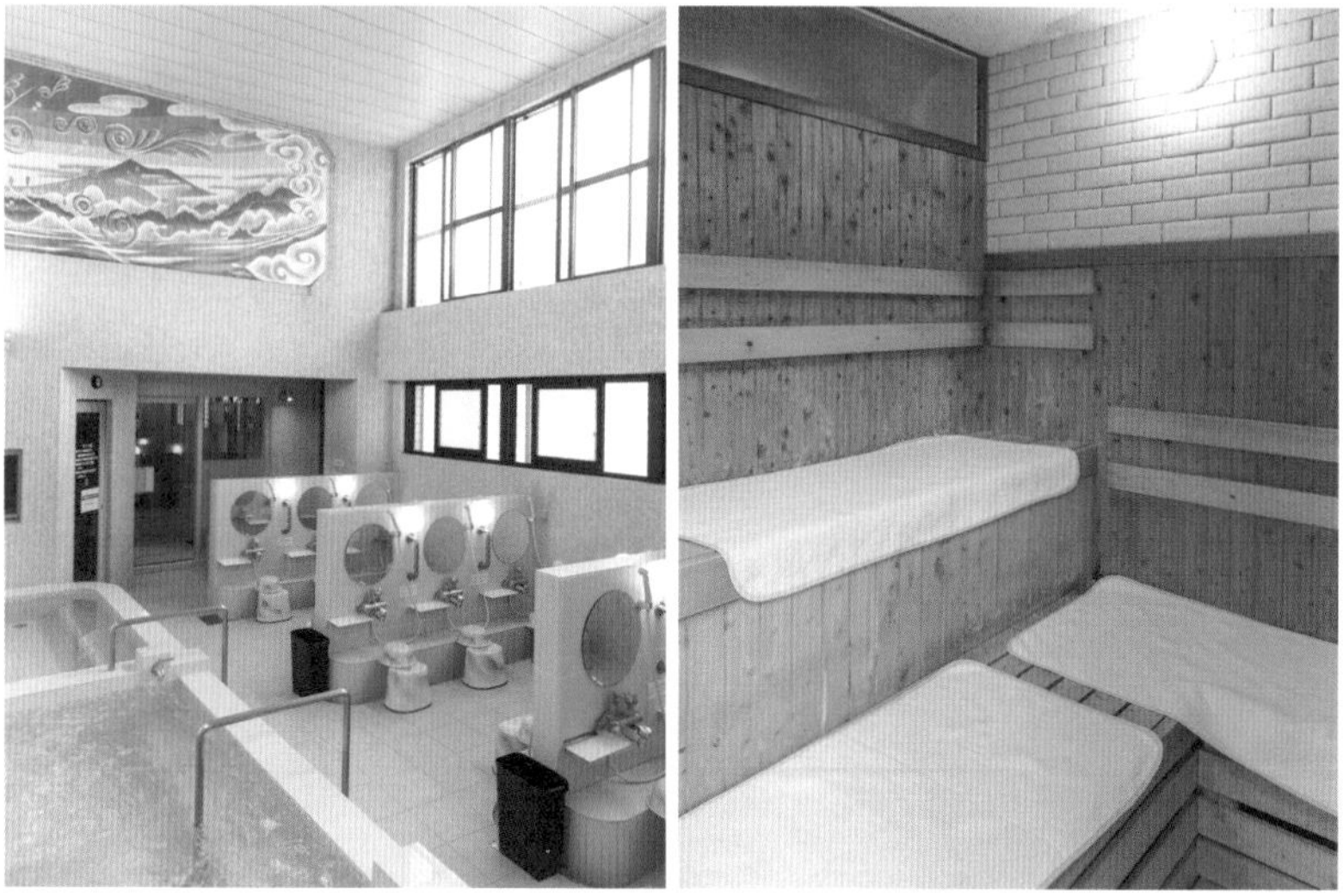

サウナ室は小さい分、熱々のボナサウナ。2段になっていて、座れるのは最大5、6人ほど。お風呂もサウナも若者からお年寄りまでいろんな人がいるのが地元の銭湯のよさ。

サウナ料金を支払い堂々とサウナ室の前に立ってみるが、ドアに引手がない。入れずにモゾモゾしていると、中からおばちゃんがドアを押し開けてくれた。とりあえずはクリア。ここのサウナはとてもコンパクト。サウナストーブが隠れているボナサウナだ。ドアを開けてくれたおばちゃんと二人、テレビに流れる料理番組をじっと見ていた。すると、まるで前から知り合いだったかのようにおばちゃんが「これ結構簡単に作れそうだよね？　どう思う？」と話しかけてきた。内心「この人、わたしを誰かと勘違いしてる？」と思いながらも、「今晩帰り道に材料買ってできそうですよね」と返事をすると「じゃそうするわ！」と言って出ていってしまった。これが銭湯サウナのコミュニケーションなのか、とちょっとびっくりする。そうこうしているとドアにガチャと何かが差し込まれ、勢いよく開いた。その人の手には、あのプラスチックの靴べらみたいなものが！

チラー冷却されている水風呂は16～18度くらい。しかも羽衣なんて1秒たりとも許されないバイブラ。熱々サウナにバイブラ水風呂に露天スペース。これ本当に街の銭湯なの？

銭湯サウナにはヌシと呼ばれるサウナ奉行がいることが多いのだが、ここはみんなフレンドリー。
わたしがいつも決まった時間に行くわけではないから出会ってないだけかな。

ドアに取っ手がないのは、あの靴べら的サウナ鍵を穴に差し込んで引っ張る仕組みだったから。この世にはまだ見たことのないものがいっぱいだ。そして水風呂へ。ここの水風呂はバイブラでブクブクしている。だから温度の羽衣を纏うことができない分、冷たい！　最後に、光明泉の一番のチャームポイントと言えるのが屋上の露天風呂。銭湯で露天風呂があって外気浴できるのは都内でもここくらい。露天は木で囲まれていて見上げると都会の空、そしてしっかり風を感じられる。何より電車の音がするのが好きだ。中目黒のど真ん中で外気浴していることを実感できるから。

　光明泉三代目の幸田日出一さんは「実は僕がスーパー銭湯の露天が好きなので、ここを二〇一四年に改装した時に露天スペースを作りました」と教えてくれた。「小さくて申し訳ないんですけどね」とおっしゃっていたけれど、外気浴好きなわたしにとっては、あるだけで、作ってくれただけで本当に感謝なのだ。

光明泉

東京都目黒区上目黒1－6－1

MORE INFO ▶ P.091

滋賀

Tent Sauna Party

ヒア・カムズ・ザ・サウナ

テントサウナを知らない人が見たら「海辺でキャンプしてる……煙突から煙出てるけど大丈夫？」と思うだろう。水場ギリギリに建てられるのがテントサウナの一番のポイント。

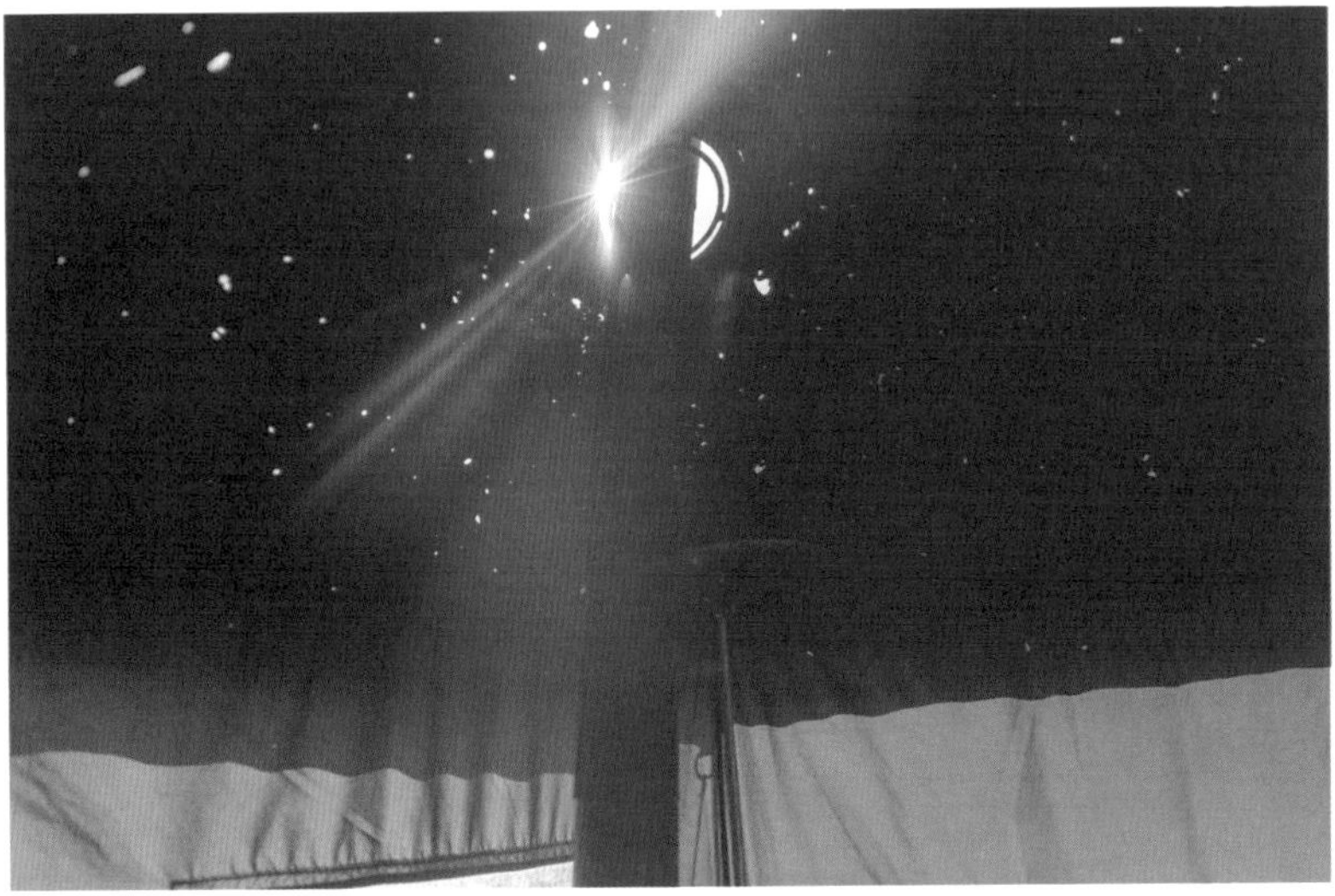

テントの天井には、薪サウナの火の粉が飛んで焼けた穴が。サウナストーブに触れるか触れないかくらいの場所に座り、火の粉がたまに飛んでくるのもテントサウナの醍醐味。

サウナ好きはとにかく行動力が抜群なのである

わたしの初めてのテントサウナ体験は「Tent Sauna Party」だった。というかむしろテントにちゃんと入るということ自体が初めてだったのに、それが寝るためではなくまさかのサウナだった。わたしは子供の頃からキャンプへ行きテントで寝るといったアクティビティを一切したことがなく、大人になっても「文明から離れて寝る恐怖症」のようなものがあったから、テントとは無縁の生活を送ってきた。だからこんな使用方法でテントにじっくり入る日がくるとは思ってもみなかった。

フィンランド人から聞いた話では、第二次世界大戦中のフィンランド兵士たちが、戦地でもサウナに入りたくて、設営と撤収を簡単にできるテントでサウナに

テントサウナはとにかく温度調整と温度キープに手間がかかる。薪をずっと入れ続けなくてはいけないので、鍋奉行ならぬ、腕のいい「薪奉行」的な人が必要。

入るようになったというのがテントサウナの始まりだそう。

　ではTent Sauna Partyの始まりはどうだったのか。三年ぶりに彼らの「パーティー」に参加した。今回のパーティー会場は日本一大きな水風呂、琵琶湖がある滋賀県の近江舞子だ。これだけ聞くと、ズンドンズンドン音が流れる大きなスピーカーの横でシャンパン片手に湖畔で踊りながら、サウナに入っちゃうパリピかと思う人もいるかもしれないが、彼らは至って大人の、品行方正な人たちの集まりだ。

　主宰は音楽が好きな藤山誠さん、マンガ家でサウナ大使のタナカカツキさんが好きなほりゆりこさん、山が好きな吉田直裕さんの三人。彼らは同じクリエイティブエージェンシーで働いている。仕事を通じてタナカカツキさんに出会ったことで、三人そろってサウナに興味を持った。フィンランドの人たちがサウナから出て湖に飛び込む映像を見て、「琵琶湖があるや

そろそろかな、というタイミングでみんなで海へ駆け出す。サンダルとサウナハットを放り投げながら走り、海へダイブ。想像するだけでも開放的で気持ちがよくなる！

ん」と即テントサウナをフィンランドから輸入して湖畔で見様見真似でやってみたのが始まり。前にも書いたが、サウナ好きはとにかく行動力が抜群なのである。それから毎週のように全国各地でテントサウナを施すようになった。それでわたしも以前参加して以来の友人なのだ。

　テントサウナの中では妖精のようなサウナハットをかぶる。これはおしゃれでかわいいからではない。ロウリュをすると蒸気が直滑降で頭に降り注いでくるからだ。とにかく頭が熱い。彼らのテントサウナはとにかく熱いのだ。ぬるいテントサウナや物足りないテントサウナにいくつも入ってきたからわかる。さきほど三人が「テントサウナを施す」と書いたが、彼らはテントに入っている人たちのためにしっかり薪をコントロールして、常にロウリュしながら湿度と温度のコンディションをととのえているから、あっつあつなのだ。

滋賀県民をイジると「琵琶湖の水、止めたろか!」と返すというネタがある。琵琶湖からの水が止まると京都や大阪が干上がってしまう。そんな母なる水源に大の字で浮かぶ。

熱さの限界ギリギリまで我慢してから、テントのファスナーをすばやく開けて、砂浜を全力ダッシュして湖へ。「汗を流してからお入りください」なんてルールはここにはない。思いっきりザブンだ。大の字になってぷかぷか浮いて空を見た。大きな鳥が飛んでいて雲がぐんぐん動いている。顔に何かが当たった。死んだ魚だった。普段ならわめき散らしているところだが、今のわたしは完全に自然の一部。しかも大ととのいの真っ最中だ。魚の死骸と一緒にぷかぷかし続けた。

三人はこうして参加する人たちをサウナでもてなし、ととのいを施してくれているわけだけれど、これをやっていてよかったことはあったか聞いてみた。すると「三人ともテントサウナでそれぞれの夢が叶った」と。藤山さんは大好きなミュージシャンと一緒にテントサウナに入れた。ほりさんは大好きなカツキさんと一緒に「はじめてのサウナ」を出版した。そして吉田さんは念願の大好きな彼女ができたそうだ。

わたしは二種類の「ととのい」があると思っている。一つは体中を血が巡り酸素が脳に行くことで感じる多幸感や恍惚感のととのい。これは熱いサウナと冷たい水風呂があれば上手にできる。もう一つは自然の中で自分を解放して自然と同化して、その場にいる人たちと一緒にその環境とモーメントを楽しむ心のととのい。これはフィンランドの森のサウナや、アウトドアで楽しむサウナの時に特に感じられる。この二つが同時にできるのがTent Sauna Partyだ。

Tent Sauna Party

MORE INFO ▶ P.092

兵庫

神戸
レディススパ

白の世界へ

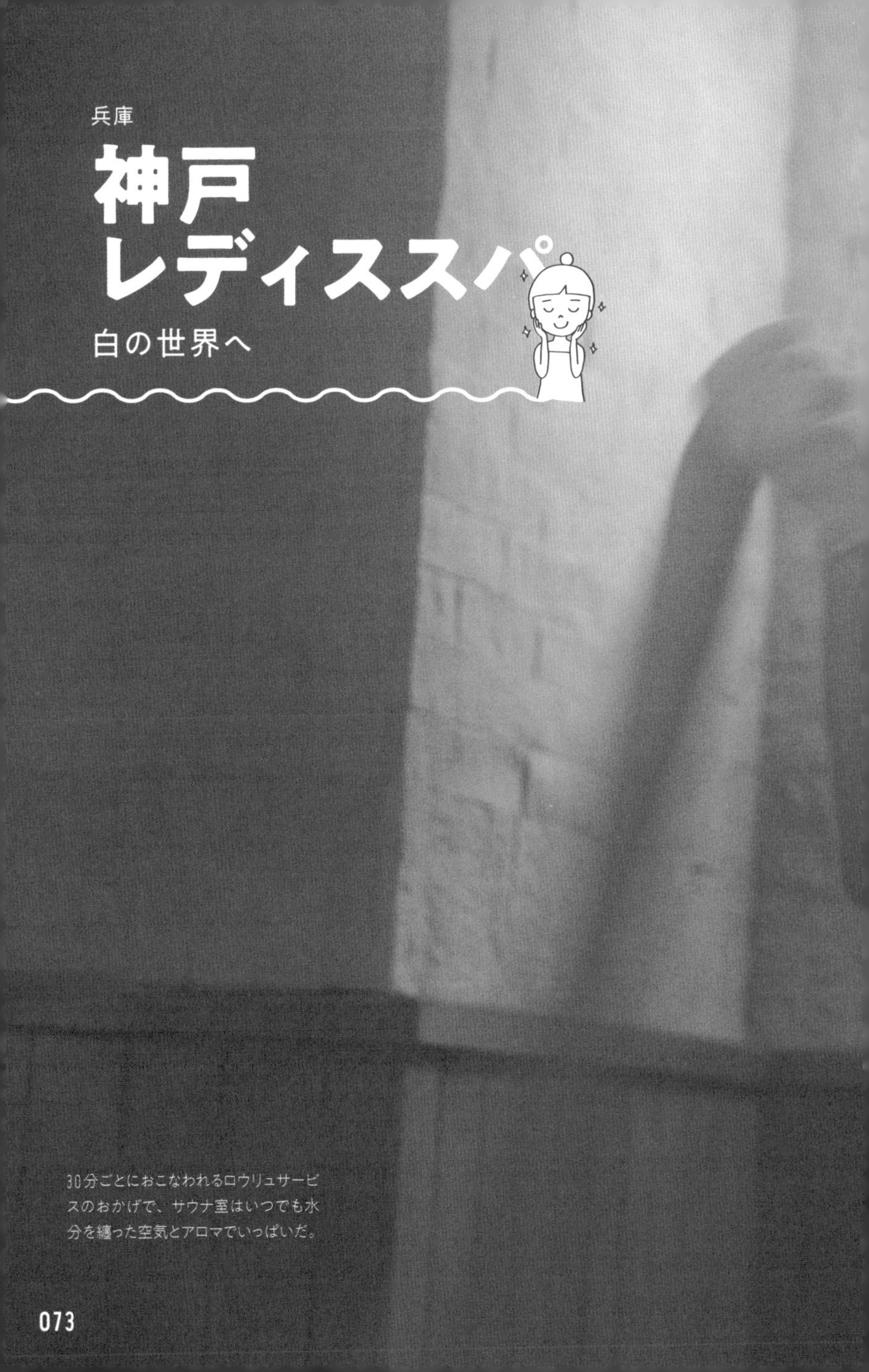

30分ごとにおこなわれるロウリュサービスのおかげで、サウナ室はいつでも水分を纏った空気とアロマでいっぱいだ。

「ロウリュは『命』や『霊魂』といった意味です」と書いてある。いや、本当はフィンランド語で「蒸気」みたいな意味なのだけれど、それくらいの意気込みの訳でいいと思う。

難攻不落の母親は ここでサウナに目覚めた

「サウナのよさがまったくわからない」

　フィンランドにあるヌークシオ国立公園の中の、目の前に湖が広がるスモークサウナを貸し切りにしてもそう言っていた不届き者がいる。わたしの母だ。日本のサウナ好きが憧れるサウナの本場フィンランドまで来て何を言っているのだと、こともあろうに世界幸福度ランキング一位の国でわたしはブチ切れていた。だが、フィンランドでもサウナのよさがわからなかった母が突然サウナに目覚めた。ここ神戸レディススパで。母の産湯である。

　母は神戸の出身でわたしの生まれもここだ。母にとって地元ということも心が安らぐ理由だったかもしれないけれど、神戸レディススパは訪れる女性がドア

何気にあまり見かけない形のサウナ室だ。奥の細まったところにサウナストーブが置いてある。ロウリュサービスの際はスタッフが奥からどんどん熱波を送ってくれる。

を出る頃にはみな、心も体も綺麗ピカピカになれるサウナなのだ。

サウナのよさを言葉ではうまく伝えられないけど、わかってほしい友達がいたり、未だにサウナは「ヒリヒリ熱い、おじさん、汗」という時代遅れすぎる瓶底色眼鏡をかけている人がいたら、ここへ連れて来てほしい。フィンランドでもサウナのよさがわからなかった人がわかってしまった場所だから。神戸レディススパは入り口からまるで高級なスパ・エステに来たかのような気分にさせてくれるので、サウナが苦手なガッチガチの心をほぐすという第一関門を簡単に突破できるはず。すべてが綺麗で清潔なので中へ誘導できればほぼこっちのもの。浴室は白いテルマエ風でお風呂は六甲山系から湧き出る天然温泉。温泉に浸かったら、本番のサウナへ行く前のウォーミングアップとして、ローズソルトを持って薔薇のミストサウナ「ローズテルマリウム」へいざなうべし。ローズの香りに包まれ

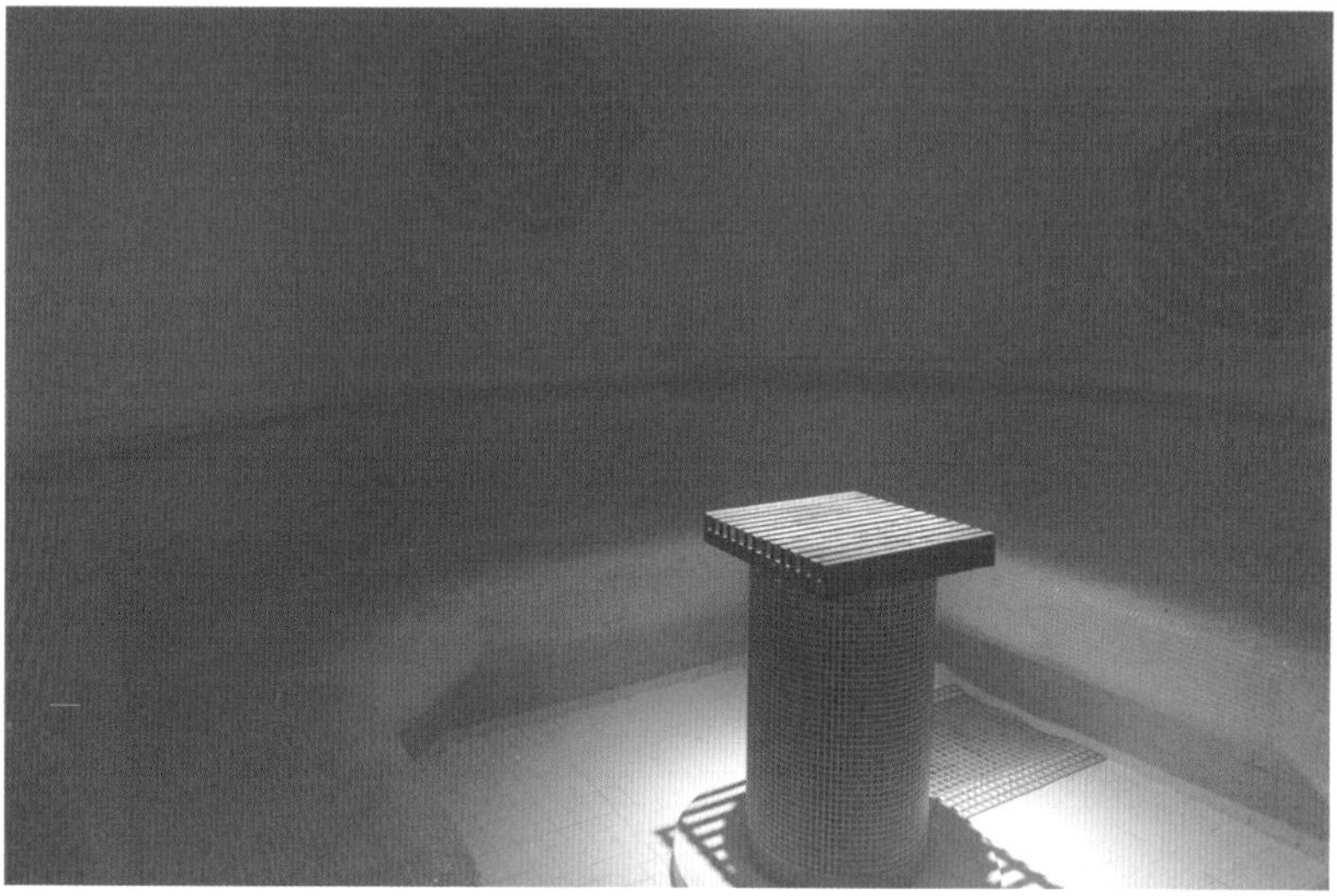

ローズテルマリウムはローズの香りのミストサウナ。ローズソルトを体に塗ってミストを浴びればお肌がすべすべツルツルに。これも女性の心を解きほぐす大事なポイント。

たミストの中で塩マッサージすれば、サウナ苦手という鎧はもう脱げたようなもの。ここからは一気にたたみかける。

　本命のサウナへ。ここのサウナはフィンランド式で湿度が高く温度は八十五度くらい。サウナ室のドアを開けると熱いピリっとした空気ではなく、じわっとした蒸気がアロマとともに顔を撫でる。柔らかな温度と優しい香りのおかげでこれなら入れるかも、と第二の難関をクリアできるのだ。ちなみになぜいつもアロマオイルの香りがしているのかというと、神戸レディススパでは三十分に一度という驚異のロウリュサービスがおこなわれているから。ロウリュしてくれるスタッフさんは灼熱の中でフルマラソンを走り続けているようなもの。神戸レディススパのホスピタリティ、恐るべし。というわけで、話を戻すと、じんわり心地よい温度から体感温度がぐっと上がるロウリュを受けることで、体を冷やしたい！　と自然と水を欲するのだ。

フィンランドには「女性が一番美しいのはサウナを出たあとの一時間」という言葉があるけれど、まさにテルマリウムでお肌はピカピカに、そしてサウナで心がキラキラになる。

ここの水風呂は気持ちがいい。神戸の水は水質が柔らかいし、ロウリュのあとにドボンと入るには完璧な温度だ。最後に外の真っ白なテラスに座れば、心も体も真っ白に。サウナ好きのできあがりだ。母もわたしのこの戦略にまんまとはまり、テラスで「気持ちがいい、めまいがするけど、これは何？」と聞いてきた。「それが、と・と・の・い。ととのいです」とまさかの三宮でフィンランドのリベンジを果たした。

硬い心を解きほぐし、安心して身を委ねてリラックスすることこそ「サウナ」であり、神戸レディススパはそれをさせてくれる場所なのだ。サウナのよさだけではない。隅々まで行き渡る女性をケアしようというホスピタリティの気持ちがあらゆるところで感じられる。アメニティが豊富で、クレンジングやコスメ、ヘアアイロンだってそろっているから手ぶらで来たって大丈夫。サウナ後の食事でも喜ばせてくれる。そういう安心が女性の心をほどくのだ。

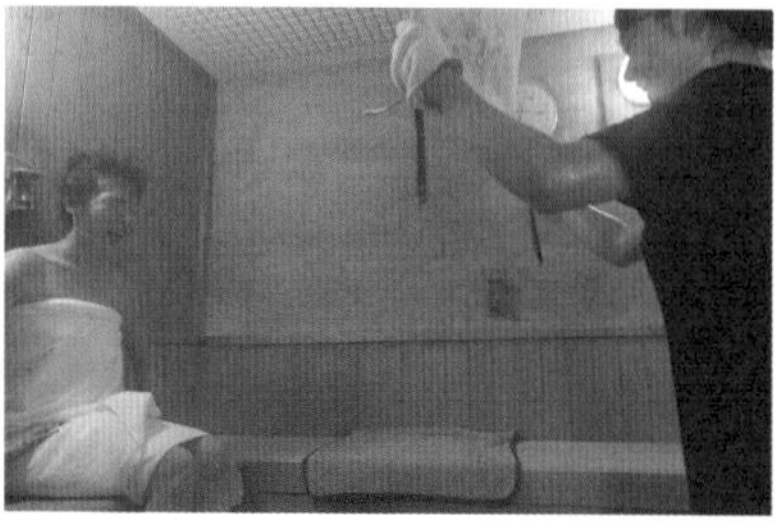

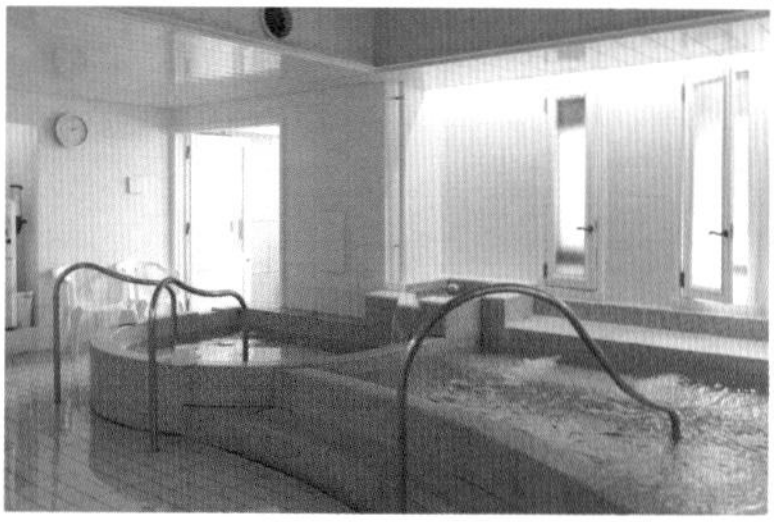

サウナ、入浴、岩盤浴のあとに、ごろりと横になって休憩や仮眠できるスペースがある。二階に降りると大地をイメージした黒を基調とした神秘的なTerra Roomと、白を基調にしたヨーロッパ風のLuna Roomの二種類の岩盤浴も。マッサージなどのボディケアやフェイシャルをやってくれるエステティックも完備されていて完全フルコースで女性にまどろみタイムを与えてくれる。カプセルホテルが併設されているので宿泊も可能。

神戸レディススパ

兵庫県神戸市中央区下山手通2－2－10
神戸サウナビル3F

MORE INFO ▶ P.093

静岡

清流荘

異世界への入り口

「木の宝石」と呼ばれるほど希少で高級な天然ケロの木を使って建てられた立派なログサウナ。ラップランドのサウナに来たのかと錯覚するけれど、ここは紛れもなく静岡県。

燃える薪の香り、差し込む緑の光、ぼんやりした明かりというこの穏やかなサウナ室の姿だけでととのってしまう。ケロがこの落ち着きのある空気を作り出してくれるのだろうか。

幻の木材ケロを使った古くて新しいサウナ

最近、これまでの概念を覆すデザイナーズサウナができたり、自然の中にフィンランド式サウナが建ったり、既存のサウナが改装してパワーアップしたり、男性専用サウナが女性開放デーを作ったりと、サウナ界のサードウェーブが来ているような気がする。女性が行けるいいサウナがないとブーブー言っていたあの頃がすでにちょっと懐かしいくらいだ。こうしてサウナが盛り上がりを見せる遥か以前の一九八〇年代に、強烈な本物志向でフィンランド式ケロサウナを作っちゃっていた施設が、ここ静岡にある清流荘だ。サードウェーブコーヒーがずっと昔からある古き良き喫茶店の、一杯ずつ丁寧にコーヒーを淹れるスタイルを原点に生まれ変わったように、八〇年代からずっと同じ

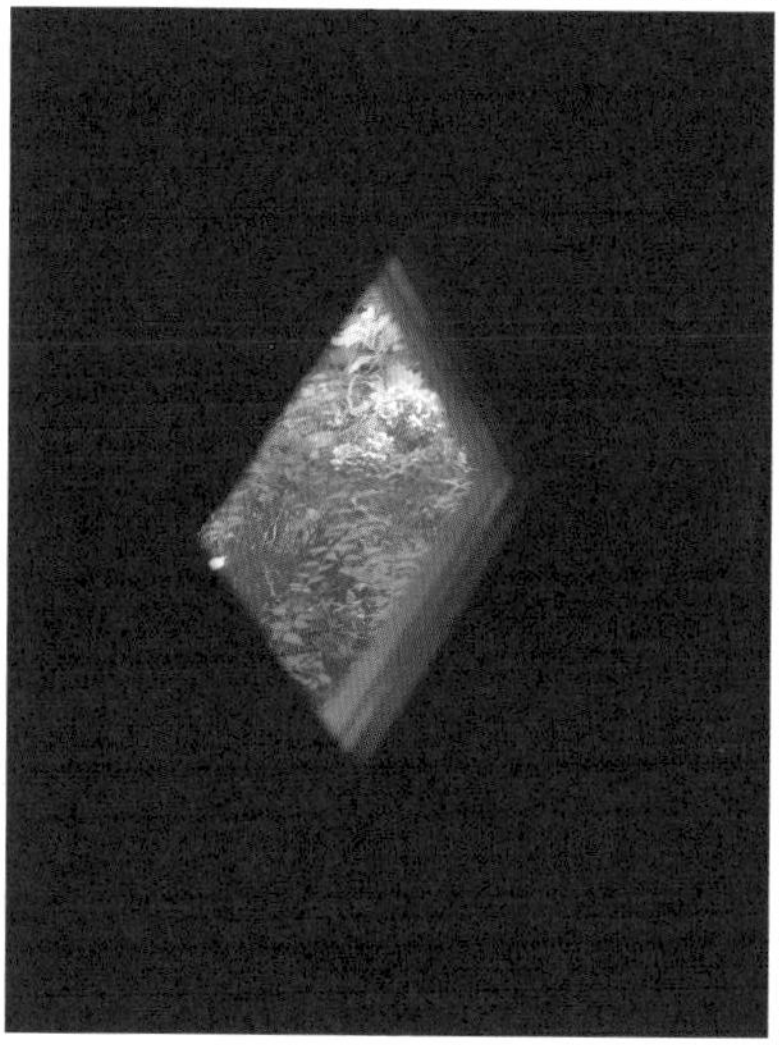

巨大なiki薪ストーブがありセルフロウリュできる、ケロで作られたサウナ小屋は、日本で普通に出会えるものではない。こんなサウナが80年代からここにあったなんて。燃える薪の音と香り、外の虫の音、降り注ぐ蒸気とケロの匂い。味わうことが多すぎて最初はちょっとパニックになるほどだった。時代の流れでテレビを置くということをしないで、このスタイルをずっと貫いてくれた清流荘に感謝。

ケロサウナへ行く道の途中には豪華な噴水が。サウナのあとにはやはり冷たい水に浸かりたいと思ってしまうため、この噴水がキンキンの水風呂だったら……と想像してしまった。

清流荘は今、逆にとても新しい。

　朝の陽を受けてキラキラ光る熱海の海を眺める列車の旅の先で降り立った蓮台寺駅は、なんと無人駅。目立った商店やレストランも見当たらない田舎道を歩いていくと現れるのが清流荘だ。早速中庭へ行ってみると、まず目に入ってくるのはゴージャスな南国リゾート風プール。ヤシの木まである。さっきまで無人駅からの道を歩いていて、灯籠のある純和風の旅館の入り口をくぐったはずなのに、このリゾート感。プールを通り過ぎると奥には木が茂る森があり、細い道を歩いていくと、立派なケロ材で作られたログサウナが建っている。これまたさっきまで南国のリゾートにいたはずが、今度は突然、北極圏のラップランド感。

　ケロとは、ラップランド地方の湖沼で立ったまま枯れた後もそのまま数百年立ち続けたシルバーパインのこと。フィンランドでも希少で「木の宝石」や「幻の木材」と呼ばれている。そんな木材を贅沢に使ったケ

南国リゾート感溢れるプールとその奥には古代ローマ風テルマリウム。旅館に来たはずが、数分のうちに異空間へトリップできる。この景色、夜になるとまた美しく変化する。

ロサウナが目の前にある。一体どういうことなのか聞いてみると、八〇年代、ここを持っていたオーナーさんがサウナ好きで、フィンランドからサウナ作りの職人を呼び寄せ、ケロ材もフィンランドから取り寄せて作ったのがこのサウナだそう。流行は二十年で繰り返すと言われるが、フィンランドの職人まで呼んで薪サウナを作っちゃう人は、たくさんいいサウナができている三十年後の今もいない。センス抜群で大胆なその当時のオーナーさんがバブル期と交わったことで、この奇跡のサウナが誕生したというわけだ。

　ドアを開けるとぼんやり灯る明かりと、ふわっと香る薪の匂い、それとケロのどっしりとした優しさに包まれているような空気で、一気に心が和む。それとは対照的にストーブは石がぎっしり詰まった高くて強いｉｋｉストーブだ。薪を焚いているだけだと穏やかな温度・湿度だけれど、ロウリュするとしっかり蒸気が降り注いでくる。でも熱々の激しい体感温度になる

ケロサウナのために来る人も多いかもしれないが、温泉プールにテルマリウム、そして露天風呂もあるため、ストレスを解消し体の疲労を回復させるリラクゼーションの場だ。

ことはない。それがケロサウナの優しさなのかもしれない。ここにはもちろんテレビもないし、時計もない。あるのは木製の温度計だけ。こういういいサウナは、これからもずっと変わらないでいてほしい。

今回も一緒だった写真家の安彦さんは、サウナ初心者ながらもこの本の旅で、上質な日本トップクラスのサウナだけを巡っているので、もうすでに「いいサウナ」とはどういうものかがわかっている。ケロのログサウナの希少性を知らなくても「ここの人工的じゃない香りが好き」と言っていた。本当にいいものというのは、五感で本能的にわかってしまうのだ。

南国リゾート、ラップランドと来て次に現れるのが古代ローマのテルマリウムだ。ここでは蒸気、温気、熱気、フットバスと四種類の低温アロマサウナが楽しめる。そして最後は日本の大浴場。無人駅で商店もレストランもないと言ったが、なくていいのだ。ここに来たら世界を巡れてしまうのだから。

清流荘

静岡県下田市河内2−2

MORE INFO ▶ P.093

ふらりと旅したサウナたち

MARUMORI-SAUNA (P.008-015)

ADDRESS	宮城県伊具郡丸森町不動64−1不動尊キャンプ場内
URL	https://www.marumori-sauna.jp
OPEN	10:30〜17:00
ACCESS	CAR 仙台から約90分／福島から約60分 TRAIN BUS 阿武隈急行 丸森駅からウィークエンドバスるんるん号で約20分 ※駅からタクシーもあり
PRICE	サウナロッジ1棟貸切［平日］2名11,000円／3名13,000円／4名16,000円／5名20,000円／6名24,000円／7名28,000円／8名32,000円 ［休日］15,000円(3名まで）／以降、1人増える毎に+4,500円
WHAT TO BRING	水着とサンダル
AMENITIES	バスタオル、フェイスタオル、サウナタオル、シャンプー、トリートメント、ボディソープ、ドライヤー、シャワー、トイレ、冷蔵庫、焚き火台、飲料水あり
NOTE	完全予約制／サウナ利用は2名以上〜8名まで

The Sauna (P.016-023)

ADDRESS　長野県上水内郡信濃町大字野尻379－2 ゲストハウスLAMP野尻湖内

URL　http://lamp-guesthouse.com

OPEN　10:00～22:00 月火定休(祝日は営業)

ACCESS　CAR 信濃町I.Cから約10分

TRAIN 北しなの鉄道 黒姫駅からタクシーで約10分

PRICE　1名2,000円[平日]貸切14,000円　5名以上は1人増える毎に+2,500円

[休日]貸切16,000円　5名以上は1人増える毎に+3,000円

WHAT TO BRING　水着とサンダル

AMENITIES　バスタオル、男性用水着、女性用湯浴み着のレンタルあり

NOTE　貸切・一般入浴ともに2時間の完全予約制／サウナ利用は8名まで

SaunaLab Fukuoka (P.024-031)

ADDRESS　福岡県福岡市博多区祇園町8－12 ロータリー大和1F

URL　http://saunalab.jp

OPEN　12:00～21:00 [金土]23:00 CLOSE [土日]11:00OPEN

ACCESS　JR博多駅から徒歩で約10分

PRICE　サウナとすべてのスペースを利用できる「SAUNA STYLE」3時間2,200円／フリー3,300円

AMENITIES　フェイスタオル、バスタオル、ポンチョガウン、巻布、サウナハット、シャンプー、コンディショナー、ボディシャンプー、クレンジングなど

NOTE　予約優先制／サウナ以外のSaunaLab空間を利用できる「WORK STYLE」は予約不要

らかんの湯 (P.032-039)

ADDRESS 佐賀県武雄市武雄町武雄4100 御船山楽園ホテル
URL https://www.mifuneyama.co.jp
OPEN 日帰り入浴 1部 15:00～17:30　2部 17:30～20:00／宿泊客15:00～24:00と6:00～10:30(男女入れ替え制)
ACCESS CAR 福岡空港から約70分／長崎空港から約40分／佐賀空港から約50分
TRAIN JR武雄温泉駅からタクシーで約5分
PRICE 日帰り入浴 1名3,850円／宿泊は公式サイトを確認
AMENITIES シャンプー、リンス、ボディソープ、フェイスタオルなど
NOTE 日帰り入浴は予約制・定員制(男女各10名)／武雄温泉駅との間で送迎バスあり

おふろcafé utatane (P.040-047)

ADDRESS 埼玉県さいたま市北区大成町4－179－3
URL https://ofurocafe-utatane.com
OPEN 10:00～翌9:00
ACCESS CAR 国道17号線「大成橋南側」信号すぐ／首都高速「与野J.C.T」から約10分／東北自動車道「岩槻I.C」から約20分
TRAIN 埼玉新都市交通ニューシャトル 鉄道博物館駅(大成駅)下車→線路沿いを北に徒歩約10分
PRICE 朝風呂／454円／60分 500円／90分 680円／120分 840円／
フリータイム[平日]1,260円 [休日]1,380円
フリータイムは館内着とタオルセット込み
AMENITIES シャンプー、コンディショナー、洗顔フォーム、メイク落とし、化粧水、乳液、ドライヤーあり
NOTE 女性浴室で泥パック使い放題／共用休憩スペースでコーヒー無料飲み放題

ume, sauna (P.048-055)

ADDRESS　奈良県山辺郡山添村大字片平452
URL　https://www.ume-yamazoe.com
OPEN　チェックイン15:00／チェックアウト11:00／
「ととのいーサウナとBBQプランー」は11:30～14:00
ACCESS　CAR 名阪国道「山添I.C」から10分／近鉄奈良駅・JR奈良駅・奈良公園から45分／大阪駅から60分／京都駅から90分／名古屋駅から90分
TRAIN 近鉄・JR奈良駅・奈良公園から45分／近鉄名張駅から15分（最寄りの公共交通機関乗降場所まで無料送迎あり）
PRICE　「サウナBBQ」のみは1名8,000円／宿泊プランは公式サイトを確認
WHAT TO BRING　水着
AMENITIES　シャンプー、コンディショナー、ボディソープ、洗顔フォーム、化粧水、乳液、歯ブラシ、バスタオル、フェイスタオル、ルームシューズ、ドライヤーなど
NOTE　サウナは男女共用のため水着着用／「ととのいーサウナとBBQプランー」は日帰りでも利用可

光明泉 (P.056-063)

ADDRESS　東京都目黒区上目黒1-6-1
URL　http://kohmeisen.com
OPEN　15:00～25:00（最終受付入場24:30）
ACCESS　東急東横線・東急メトロ日比谷線 中目黒駅から徒歩3分
PRICE　大人（中学生以上）470円／小学生180円／未就学児80円／
サウナ利用料300円
AMENITIES　サウナ利用はフェイス&バスタオル込み、石鹸やシャンプー、リンスなど購入可
NOTE　屋上露天風呂は毎週金曜日に男女が入れ替わる

Tent Sauna Party (P.064-071)

ADDRESS & OPEN	イベントごとに会場や時間が変わるので、公式サイトやFacebook、Twitterを確認
URL	http://tentsaunaparty.com
ACCESS	[滋賀県・近江舞子で開催の場合]旅館「雄松館」前のプライベートビーチ TRAIN JR湖西線 近江舞子駅から徒歩約10分 ※駅からタクシーあり
PRICE	3,000円(開催回によって変動あり)
WHAT TO BRING	水着、サンダル、タオル、飲食物
NOTE	完全予約制

神戸レディススパ (P.072-079)

ADDRESS　兵庫県神戸市中央区下山手通2−2−10 神戸サウナビル3F

URL　http://kobe-ladies-spa.com

OPEN　24時間営業

ACCESS　地下鉄三宮駅西出口1番から徒歩1分／阪急三宮駅西口から徒歩3分／JR三ノ宮駅西口から徒歩5分

PRICE　サウナ&スパ利用料2,700円(最大8:00〜翌10:00)／学生2,000円／深夜2:00以降+1,000円／リフレッシュコース1時間1,700円(受付8:00〜翌5:00)／モーニングコース10:00まで2,100円(受付5:00〜8:00)／ナイト3時間コース2,200円(受付23:00〜翌5:00)

AMENITIES　タオル、バスタオル、館内着、ボディーソープ、シャンプー、リンス、クレンジング、洗顔料、化粧水、乳液、整髪料、歯みがきセット、ブラシ、ドライヤーあり

NOTE　ドライサウナ室内でロウリュサービス／女性専用カプセルホテルあり

清流荘 (P.080-087)

ADDRESS　静岡県下田市河内2−2

URL　https://www.seiryuso.co.jp

OPEN　ケロサウナ15:00〜20:00／テルマリウム&プール14:00〜22:00、翌朝8:00〜(宿泊者のみ利用可)

ACCESS　CAR 沼津I.Cから約90分

TRAIN 伊豆急行線 蓮台寺駅から徒歩5分(蓮台寺駅、伊豆急行下田駅まで予約制の無料送迎あり)

PRICE　公式サイトを確認

WHAT TO BRING　水着

AMENITIES　ドライヤー、固形石鹸、液体ソープ、消毒液、ボディソープ、シャンプー、コンディショナー、ハミガキセット、ヘアブラシ、カミソリ、レディースセット、フェイスタオル、ボディタオル、バスタオルなど

NOTE　ケロサウナ、テルマリウム、プールはすべて男女共用のため水着着用／水着とサウナ着のレンタル(500円)あり

第2章

あーだこーだ、サウナの話しよっ。

SAUNA WORDS

もはや日常会話に頻出のサウナワード
初心者向けと上級者向け

for BEGINNERS

ロウリュ

【LÖYLY】

フィンランド語。 サウナストーンに水をかけて蒸気を発生させること。体感温度がグッと上がります。

アウフグース

【AUFGUSS】

ドイツ語。タオルやうちわなどでロウリュした蒸気を仰ぐこと。

あまみ

赤いまだらが肌に浮き上がることです。初めて出た時はびっくりしました。横にいたサウナ大使のタナカカツキさんに「これなんですか！病気!?」と聞くと「上質なサウナに入った時だけに出るごほうびの印ですよ」と教えてくれました。

ヴィヒタ

【VIHTA】

フィンランド語で白樺です。白樺の枝を束ねてパシパシと体を叩くことを「ウィスキング」と言います。血行・新陳代謝が促進されると言われています。

ととのう

人によって表現が違ったりしますが、たぶんみな同じことを感じているんじゃないでしょうか。恍惚感、多幸感、リラックス感に包まれることです。わたしはたまに風になったり、宇宙を飛んだりもします。

サウナ飯

サウナのあとにぴったりの食事のこと。サウナではたくさん発汗してエネルギーを消費しているため、運動後のようにお腹が減ります。ととのったあとは特に体の感覚が研ぎ澄まされているので、とにかくご飯がおいしい！（ちなみにわたしのサウナ飯NO.1はカレーうどんです）

サウナハット

かわいいですよね、妖精みたいで。かわいいだけではなく、頭や髪を熱から守ってくれます。熱いサウナに入る時は必需品です。

温度の羽衣

冷たい水風呂に入っているのに、急に冷たさを感じなくなる瞬間が来る。体の熱と水風呂の冷たさの間に温度の膜ができて、まるで薄い羽衣をまとっているような感覚になることから「温度の羽衣」と呼ばれている。

for ADVANCED

シングル

別名、グルシン。水温10度以下の一桁台の水風呂のことを言います。普通の水風呂の水は常温だと夏場は25～26度、冬場は18度くらいなので、水風呂を冷たく保つにはこちら→が必要になります。

チラー

冷たい水風呂を作ってくれる機械です。水風呂を冷たくするってものすごい作業なのです。チラーは安いものでも200万円くらいします。大きな水風呂をキンキンに冷やしている施設はものすごくお金をかけてくれています！

オロポ

オロナミンCをポカリスエットで割った飲み物。サウナで流した汗をポカリで、ビタミンCをオロナミンCで補えるというサウナ飲料。誰が最初に考えたんでしょうね？

水通し

通常、サウナ→水風呂→休憩の順ですが、サウナに入る前にさっと水風呂に入ることを言います。先に体を冷やすことでサウナ室に長くいられるようになります。サウナ室で体の芯から温まるまで我慢できない人は水通しをおすすめします。

追い水風呂

サウナ、水風呂、休憩のサイクルの中で、休憩中にもう一度水風呂に入ること。夏場は休憩中にすぐ暑くなってしまうので、もう一度水風呂に入って休憩時間を延長したり。たまに2回目のととのいを感じられる時があります。

iki ストーブ

サウナメーカー「メトス社」のそそりたつようなでっかい石が山積みのストーブです。あっつあつの石が詰まっているので、ロウリュ・アウフグースにぴったりです。

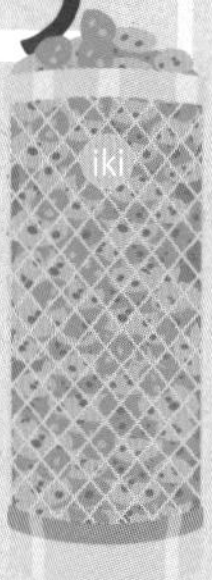

ヌシ

いつも同じ時間に同じ場所に鎮座する常連さんのこと。いい人もいっぱいですが、基本ちょっと怖くて、自分のルールがあり、それを破る他人にお小言を言う、サウナ室では会いたくないタイプの人です。

産湯

初めて入ったサウナのこと。もしくは初めて「ととのった」サウナのこと。「産湯はどちらでしたか？」と聞くとサウナーは話が止まらない。

持ちもの

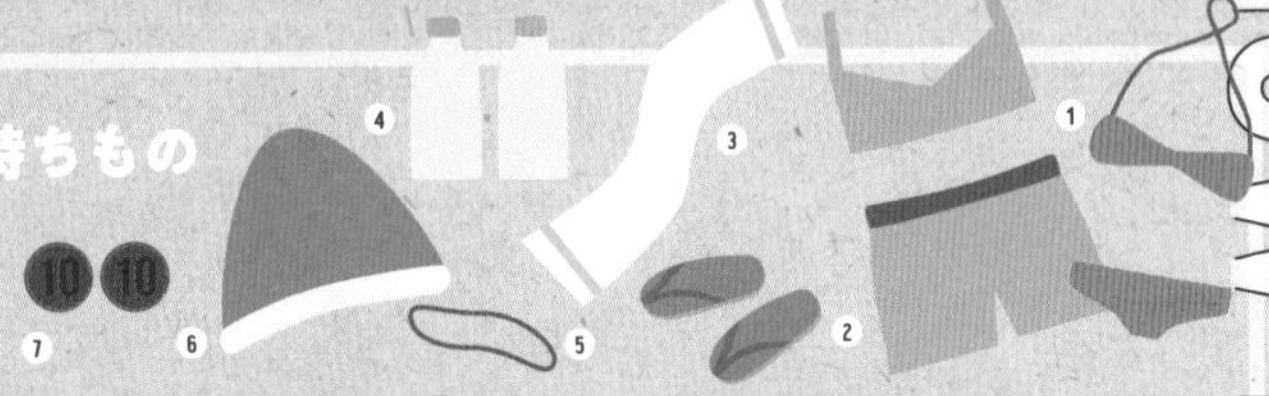

1 **水着**：わたしはスポーツブラに短パンが多いです。2 **サンダル**：野外サウナの場合に必要です。3 **タオル**：サウナ施設では入場料に含まれていて受付で渡してもらえます。銭湯は有料貸し出しタオルがあったり、その場で購入できたりします。銭湯サウナへ行く時はMyタオルを持っていくといいですね。4 **シャンプー・リンス**：置いてあるところ、ないところまちまち。自分のいつも使っているものがよければ、小さいパウチやボトルに入れて持っていきましょう。5 **ヘアゴム**：髪が長い人は結びましょう。髪の毛がお風呂や水風呂につかるのはよくないし、サウナ室でもきゅっと結んでいるほうが気持ち悪くないですよね。6 **サウナハット**：熱から頭を守るために必須。特にテントサウナは狭く天井も低いためサウナハットは必須です。7 **10円玉**：銭湯のドライヤーは有料のことが多いです。20～30円で使えます。わたしは髪が長いので、たまに10円玉がなくて苦肉の策で頭にタオルを巻いて帰ることもあります。

1 裸or水着

ほとんどのサウナ施設や銭湯は男女別々なので裸で入ります。テントサウナや貸し切りサウナ、アミューズメントスパ系は男女混合で水着、というケースが多いです。

2 お清め

サウナに入る前には体・髪を洗いましょう。体を洗うことで汗が出やすくなります。

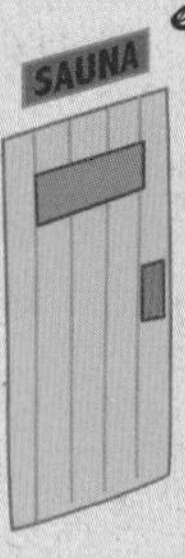

3 サウナ室へ

水でぽとぽとのままサウナ室に入らないように！タオルで水気を拭き取ってから入りましょう。

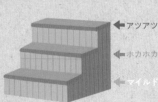

4 ポジション取り

サウナ室は上段がもっとも温度が高く、下へ行くほど温度が下がります。ビギナーは下段から始めると長くサウナ室にいられますよ。

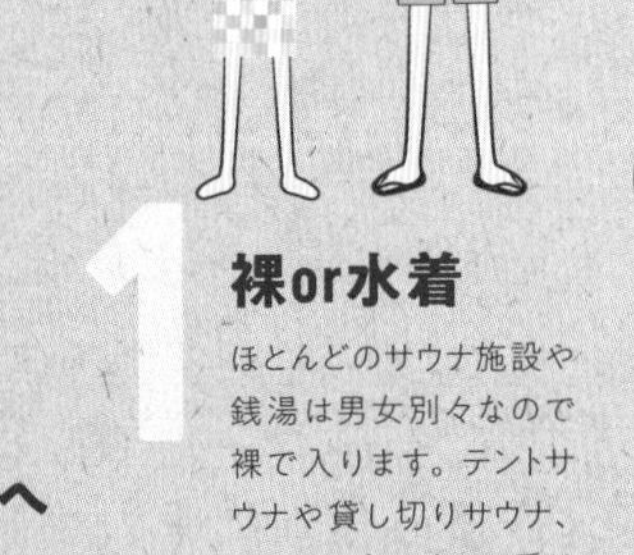

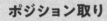

5 タオルやマットを敷いて座る

入り口にお尻マットが置いてある時はそれを使い、ない時は自分のタオルを敷くと衛生上◎です。

要注意!

- ⚠ とにかく無理は禁物。自分の汗と鼓動に注意して入りましょう。
- ⚠ ロウリュができる場合は一言声を掛けてから水を掛けましょう。
- ⚠ 水、水、水〜！と体が冷たい水を欲してきたら、サウナ室を出ましょう。

6 水風呂へ

汗を流してから水風呂へ入りましょう。息を吐きながらスーッと入るのがおすすめです。

動くと冷たいので、じっとしていましょう。

急にふわっと冷たさを感じなくなります。喉から冷たい空気が出てきたら、そろそろ出ましょう。

7 休憩・外気浴

座って目を閉じてみましょう。外で休憩ができるスペースがあれば、最高です。風を感じて体を委ねてみましょう。

ふわ〜っと気持ちよくなってきます。それが「**ととのう**」ということです。

TYPES OF SAUNA

人の生き方が様々なように
サウナの種類も様々です

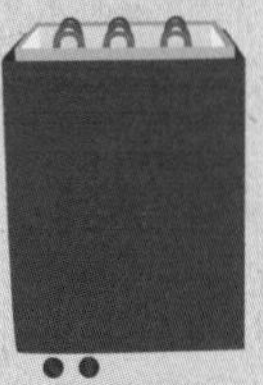

ドライサウナ

日本で一番多いタイプ。空気を加熱しているから温度が高く肌のピリピリ感があるが、汗が出やすい。石が載せてあっても、ロウリュはできないところが多い。

スモークサウナ

キング・オブ・サウナでありサウナの原点。長時間、薪を燃やして室内に煙を充満させ、温めたのち煙を出す。暗闇の中でロウリュして、熱と煙の香りを楽しむ。

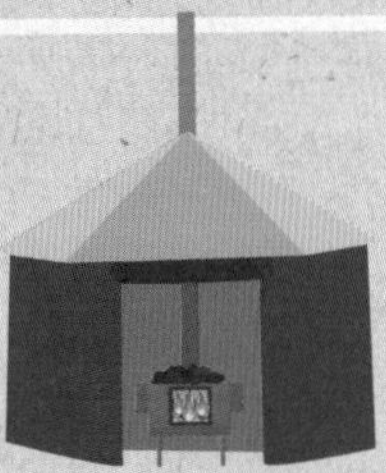

テントサウナ

薪ストーブをテントの中で焚くサウナ。ロウリュした蒸気が思いっきり降り注いでくるためとにかく熱い！ 川や海でテントサウナを設営すれば天然の水風呂に飛び込める。

薪サウナ

薪を燃やしてストーブの上に載せた石を温めるサウナ。煙は煙突から外へ出ていく。石に水をかけて蒸気を出すと熱々に。薪の燃えるパチパチという音は癒し。

ボナサウナ

ひな壇の下や壁にヒーターが格納されているサウナ。普段はすぐにストーブを見てしまうが、どんなストーブなのかわからないため「おまかせします！」という気持ちに。

スチームサウナ

サウナ室に蒸気を充満させるサウナで温度は40～50度くらいと低めだが、湿度は80～100%と高いのが特徴。熱さが苦手な人がゆっくり入れるサウナ。

WORLD SAUNA MAP

旅に出ると、その土地の浴場文化を体験したくなる

FINLAND
サウナ

みなさんご存知、フィンランドサウナ。実は「SAUNA」はフィンランド語。フィンランドサウナの起源は2000年以上前と言われている。昔、サウナ室は出産したり亡くなった人を洗浄したりする神聖な場所とされていた。石に水を掛けて蒸気で温度を上げる「ロウリュ」もフィンランド語。

LITHUANIA
ピルティス

リトアニア の サウナ は「ピルティス」と呼ばれ、フィンランドよりも神聖でスピリチュアル度が高い。フィンランドサウナとの大きな違いはウィスキングマスターという人がいて、彼らが食事から、ピルティスの温度調整やウィスキング、湖への導きなどすべて施してくれる点。

U.S.A.
スウェットロッジ

ネイティブアメリカンが精神と魂の浄化をおこなうための発汗小屋(スウェットロッジ)。薬草を浸した水の蒸気で発汗する。スウェットロッジ自体は母体の子宮と見立てられていて、子宮回帰、再生を意味する儀式。

MEXICO
テマスカル

メキシコのテマスカルは、土で作ったドーム内で焼け石に水を掛けて蒸気を発生させる。その歴史は4000年前、神とつながるための儀式として使われたのが始まりとも言われている。テマスカルもスウェットロッジと呼ばれていて、アメリカのものと同様、子宮回帰、再生を意味する。

TURKEY
ハマム

トルコの公衆浴場。ハマムへの入場時は布をまとい、サンダルを履いて入る。浴槽から上がる蒸気で体を温めたら、アカスリやマッサージを受けるのが特徴。

SOUTH KOREA
汗蒸幕(ハンジュンマク)

黄土と薬石を積み上げたドーム型の窯で松の木を燃やし、石から出た遠赤外線で体を温める600年の歴史がある韓国の伝統式サウナ。中は90～150度とかなりの高温であるため、麻布を頭からかぶって頭を守る。

RUSSIA
バーニャ

ロシアのバーニャはとにかく熱い。もともと熱いのにさらにバンバン水を掛けて蒸気でさらに体感温度を上げていくハード系。バーニャを出たら罰ゲームのようなバケツが吊り下げられていてそれをザバーンとかぶるか、深い水風呂へ。白樺の葉でバシバシ体を叩くウィスキングも有名。

ロシアのバーニャに初めて入ったのは、シアトルだった。ロシア人オーナーが作った「Banya 5」があるのだ。実は二〇〇九年からお風呂に入るために通っていたので、フィンランドサウナよりも先にバーニャの洗礼を受けていたことになる。ドアを開けると肌が溶けそうな熱。中の人たちは毛糸の帽子をかぶっている。「サンダル履いて！　足焼けるよ！」と裸足で入ろうとしたわたしに全員が声をそろえて言った。三分くらいしか入れないほどの熱さで、ちなみにグルシンの水風呂は水深一二二センチ。バーニャ恐るべし！

フィンランドで行った特にお気に入りのサウナたちがこちら。
どこのサウナもそれぞれの個性があって、本当は行ったサウナを全部紹介したいところ……でも厳選して4箇所をご紹介！

ローカルに溶け込めるザ・フィンランドの公衆サウナ

KOTIHARJUN

コティハルユ

ヘルシンキ市内にある最古の公衆サウナ。サウナ好きならどこかで見たことがあるかもしれない、赤いネオンの下で外気浴をする人々の光景。石の階段に座るとなんだか毛布に包まれているような優しい空気。バスタオル一枚で外に座って外気浴をするというまったく普通ではない状況で、ととのうというか変なハイになってしまった。

ヘルシンキ市内でスモークサウナ体験

LÖYLY

ロウリュ

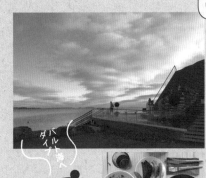

フィンランドの公衆サウナってこんなにオシャレなのか！ と日本のサウナーが度肝を抜かれた、かっこよすぎる都市型最新サウナ。街中なのに薪サウナとスモークサウナがあり、水風呂はバルト海と、なんとも豪華で壮大。フィンランドへ初めて行く人はここで、スモークサウナ&海ドボンの洗礼を受けてほしい。

国内最古の公衆サウナはサウナ好きがワクワクしちゃう熱さ

RAJAPORTTI

ラヤポルッティ

サウナキャピタルのタンペレで王座に君臨している1906年から続く国内最古のサウナ。サウナの扉を開くと後退りしてしまうほど原始的なサウナ室。ここはサウナ炉が男女で一つなので、男側でロウリュすると女性側にも蒸気が入ってくるのだ。自分のタイミングではない時に突然やってくるサプライズ熱波、クセになる。

自然と一体化して自然に還れる場所

REVONTULI

レヴォントゥリ

湖水地方ユヴァスキュラの郊外にあるレヴォントゥリはフィンランド語で「オーロラ」の意味。ここは国内最南でオーロラが見られる場所。運が良ければこの湖の上に閃くカーテンが現れる。人もいない、音もない超自然の中でスモークサウナに入り熱々になった体で湖に浮かんでいると、スーッと地球の一部に戻っていくような感覚になる。

SAUNA CULTURE

これを見たり、読んだり、聴いたりすれば
サウナを百倍楽しめます！

MOVIES

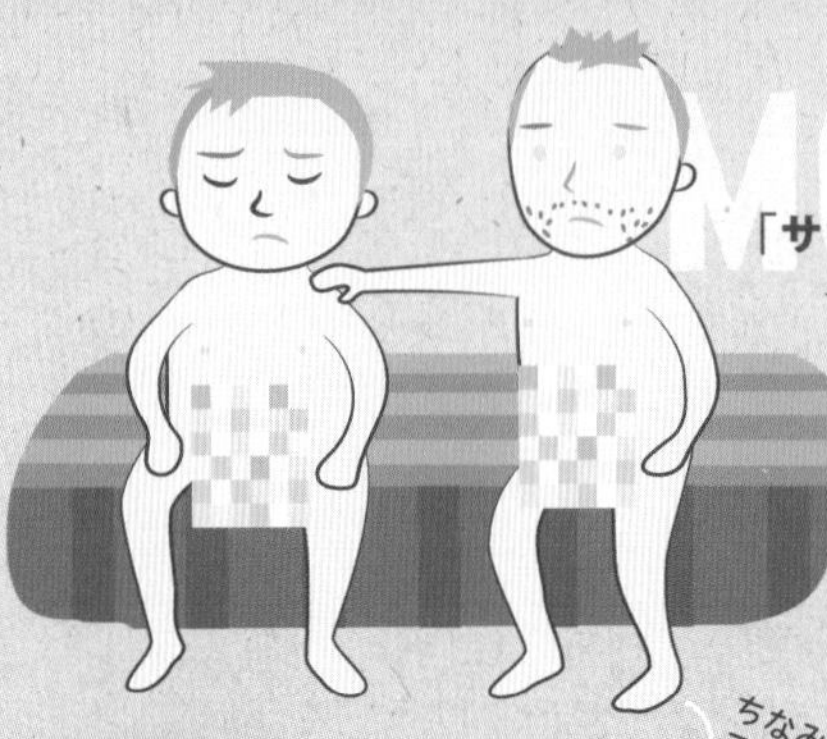

「サウナのあるところ」

フィンランドの男たちがサウナに入る、ただそれだけのドキュメンタリーなのだけど、苦しみや悩みを話し、モザイクなしのフルチン姿で汗と一緒に涙を流す男たちを見ていると、サウナでは心も裸になるのだと実感。

ちなみに、これから…

「Perfect Sweat」

1978年に出版された伝説のサウナ本「Sweat」の著者ミッケル・アーランドさんがフィンランドサウナ、ロシアのバーニャ、日本のサウナや蒸し風呂文化など、世界のサウナ事情についてのドキュメンタリーシリーズを撮影。公開が楽しみ。

COMICS

女性サウナがわかる

「湯遊ワンダーランド」

漫画家のまんきつさんの日常とサウナで出会うだいぶ変わった人たちや女性サウナならではのエピソードが描かれている。生きにくさやモヤモヤがあってもサウナのおかげでなんとなく乗り切れているところに共感してしまう。

サウナ界のバイブル

「サ道」

マンガ家・日本サウナ大使のタナカカツキさんによるサウナのマンガ。わかってはいるけど表現できなかった「サウナは気持ちいい」「サウナってこういうこと」というのが具現化されている。わたしをサウナへいざなってくれたバイブル。

MAGAZINE

わたしのサウナ教本

「Coyote No.60 SAUNA for Beginners」

自然の中にあるサウナに憧れを持たせてくれる1冊。わたしはこの号を見てフィンランドの森のサウナへ行ってみたいと思うように。外国のサウナや各国のサウナ習慣などを写真と読み物で知ることができる。

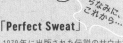

TV SHOWS

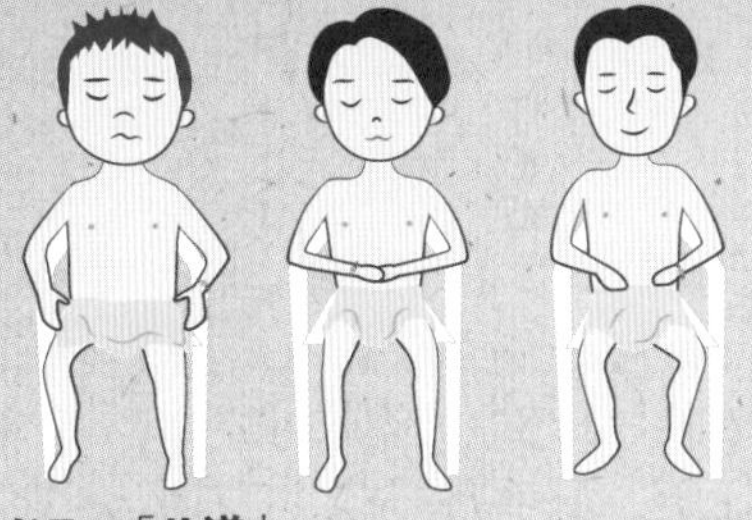

ドラマ「サ道」

マンガ「サ道」が原田泰造さん、三宅弘城さん、磯村勇斗さんでドラマ化。このドラマでサウナに興味を持った人も多いだろう。サウナ界では有名なサウナ経営者、熱波師、そしてタナカカツキさんご本人などがこっそり登場している。

「サウナを愛でたい」

サウナに特化した業界初のサウナ番組。音楽家でサウナ好きのヒャダインさんと「ととのう」の生みの親であり一般人のおじさん、濡れ頭巾ちゃんがサウナを巡る。ナレーションはこれまたサウナ好きの壇蜜さん。

RADIO

「清水みさとの、サウナいこ?」

女優の清水みさとさんが日々サウナのことを語る番組。サウナが好きな友達とおしゃべりしているような感覚になれる癒しのトーク。こちらもただサウナについておしゃべりするだけのゲストとして登場させてもらっている。

「マグ万平ののちほどサウナで」

サウナ専門ラジオ番組ということでスタートした、芸人マグ万平さんがゲストを招いてサウナを語る番組。ラジオが動画となり、さらにはフィンランドロケへ行くまでに。わたしも何度かゲストで参加させてもらったことがある。

BOOKS

「人生を変えるサウナ術」

実業家の本田直之さんとととのえ親方こと松尾大さんがタッグを組んで語るビジネスマンに向けたサウナ指南書。サウナの効用、入り方から、ビジネスとしてのサウナなど経営者である二人の話は説得力あり。

「はじめてのサウナ」

タナカカツキさんとイラストレーターのほりゆりこさんによる、女性にとってのサウナをイラストで伝える本。「サウナってこういうものだよ」とこれを差し出すと「熱い、汗、おじさん」のイメージを大払拭できるはず。

「公衆サウナの国フィンランド」

フィンランド在住、サウナ文化研究家のこばやしあやなさんによる著書。フィンランドのサウナの歴史や背景、そして現在のサウナ事情などフィンランドサウナをより深く理解したい人におすすめの1冊。

SAUNA FES JAPAN

長野県小海町で開催される国内最大級のサウナの祭典へGO!

「日本サウナ祭り」が初めて開催されたのが二〇一五年三月七日。フィンランドサウナクラブ（FSC）のメンバーと関係者が長野県小海町のフィンランドヴィレッジで、フィンランドサウナを楽しむという小さな集まりだった。

フィンランドヴィレッジには電気ストーブのフィンランドサウナ二機、薪サウナのサウナコタ、テントサウナ、リアカーサウナがあり、二〇一八年には日本初で唯一の古代フィンランドのスモークサウナである「ピットサウナ」もできた。煙突のないサウナで薪を燃やして煙いっぱいにする。そして煙をゆっくり出し切り、熱せられた石にロウリュして入るサウナだ。日本で入れるのはここだけ。まさか日本でスモークサウナに入れる日がくるなんて思わなかった。ここにあるサウナは、もちろんすべてロウリュができる。そして、フィンランドヴィレッジの水風呂はフィンランドと同じく湖。みんな思い思いに寝っ転がって外気浴を楽しむ。サウナが好きな人たちが集まり、ただひたすらサウナに入って汗を流すというお祭りなのだけれど、わたしはこのお祭りは日本で一番健康的かつハッピーなお祭りだと思っている。

初めての「日本サウナ祭り」から五年。二〇一九年の第四回のサウナ祭りは、イベントを回すプロであるサウナアパレルのTTNEのみなさんが運営に参加し、「祭り」から三日間合計千人が集まる「SAUNA FES JAPAN」という日本最大のどでかいサウナフェスになったのだ。

これまでの穏やかでゆるいサウナ祭りも大好きだったけれど、フェスになってそれはそれですごくワクワクするイベントだった。というのも、日本中で活動しているサウナな人たちが軒並み参加したから。例えば、テントサウナでおなじみのSaunaCamp.さんたち、サウナ施設検索サイトのサウナイキタイさんたち、サウナ大好き芸人のマグ万平さん、The Saunaのベベーさん、ウィスキングの白樺スポーツのみなさん、そしてドラマ「サ道」の出演者のみなさんまで。サウナ関連のみなさんが一挙に小海で大集合するという、いわゆる「完全なフェス」だ。

でも正直言うと第四回、わたしはほとんどサウナに入っていない。あまりにいろんな人が集合していたので、サウナへ行こうと歩いていて誰かに出会うとうれしくて立ち止まっておしゃべりしてしまい、サウナにたどり着かずにずっとしゃべり倒していた。さらに朝はツアーバス内でマイクを握ってサウナトークを、そして現地でもトークショーに出ていたので、終わって東京に着いたら声が枯れていたという音楽フェス……ではなくサウナフェスだった。二〇二〇年は残念ながら新型コロナウィルスの影響で中止だったのだけれど、次の開催を楽しみにしている。次回はおしゃべりとサウナの両立をうまくしないと……。

SAUNA @EMBASSY OF FINLAND IN TOKYO

憧れのフィンランド大使館のサウナへ

サウナに行くようになってすぐ、フィンランド大使館の中にサウナがあることを知った。サウナ好きの人たちの中では簡単には入れない大使館内のサウナということで、憧れのサウナと言われている。「いつかフィンランド大使館のサウナに入りたい」がわたしの叶えたい夢の一つになった。

夢というのは、強く思っていると叶うというけれど、それは本当だった。しかも思いが強すぎたのか、予想していたよりすごく早く叶ってしまった。「入りたい！」と思った日の二年後のことだった。大使館にお招きいただいたのだ。

大使館内には二つのサウナがある。一つは職員・来客用、もう一つは大使専用。実はわたし、現在の本を書く仕事をする前は、アメリカの日本国総領事館で働いていた。でもわたしのいた総領事館にはお風呂も茶室もなかった。さすがサウナがないと生きていけない国民、フィンランドだ。

憧れの大使館のサウナは、ひと言で言うと「ものすごくフィンランドだった」。東京の広尾ということを忘れてしまうほど、フィンランドのホテルのサウナのようだった。シンプルで飾り気のない美しい木のサウナ。ストーブはフィンランドから取り寄せたTulikivi製。ベンチよりも下にストーブが置いてあり、ロウリュできるようになっている。そしてサウナ室のドアは透明で下部に隙間がある。日本のサウナは、木のドアがピシッとしまっているが、フィンランドのホテルで入ったサウナはほとんど透明のドアで下があいていた。ロウリュすると真っ白になり、しっかり熱いけれど、木の優しさを感じた。大使館でロウリュして、「熱い熱い、気持ちいい〜」なんて言える日がくるとは思わなかった。フィンランド大使館でサウナに入る夢、成就！

大使館のみなさん、ありがとうございました。

MY SAUNA GOODS

フィンランドに初めて行った時、スーパーの日用品売り場でサウナのセクションがあり、ヴィヒタが山積みで売られているのを見てびっくり。フィンランドでも日本でもサウナグッズは、ついつい買ってしまう。これがわたしのお気に入りサウナグッズたち!

ヴィヒタ

上富良野の「ヴィヒタの杜」から夏にフレッシュヴィヒタを送ってもらっている。さすがにサウナ施設に持参はできないため、浴室に吊るしてあるのだけれど、お湯を張る度に蒸気が立ってヴィヒタの香りがフワッと香るので、サウナにいる気分。

Lapuan《ラプアン》 Kankurit《カンクリ》のサウナマット

リネンに動物たちがサウナに入ってウィスキングをしている柄。これを見るのが好きなので、サウナに行かない時は我が家のお風呂場に飾ってある。

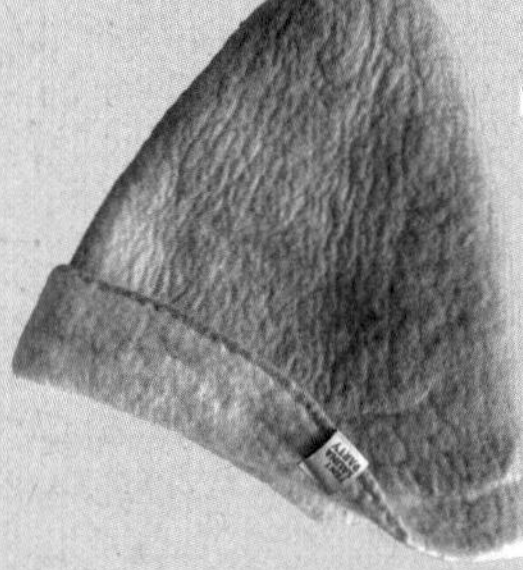

サウナハット

これはTent Sauna Partyさんで買ったサウナハット。裏表で柄が違っていて、さらさらで気持ちがいい羊の毛で作られている。

サウナアロマ

白樺(左)とユーカリ(右)のサウナアロマ。家ではアロマディフューザーに入れて香りを楽しんでいる。

かかとケアバーム

フランシラで購入したタールの匂いのするかかとケアバーム。最初はタールの匂いにびっくりしたけれど、今はやみつきに。塗る度にスモークサウナの香りが漂う。

サウナハニー

ヘルシンキのサウナに置いてあり、顔に塗って入るとお肌ツルツルになったので、即買って帰ってきたもの。フィンランド人は自分でヨーグルトやはちみつでパックを作ってサウナで使うそう。

サウナTシャツ

SaunagirlさんのTシャツ。サウナのイベントなど、ここぞというサウナの日に着る。

LET'S TALK ABOUT SAUNA!

みんなでサトークしよ！

1 コロナで自粛中の話

2020年4月に非常事態宣言が発令されて、2カ月間サウナに行けなかった。この間、サウナなしでサウナを感じるためにいろいろなことを試してみた。まず熱いお風呂、水シャワー、外気浴。気持ちはいいがととのわない。熱いシャワー、水風呂、外気浴。3秒くらいととのった。7キロランニングをして汗だくになり、熱いシャワー、水風呂、外気浴。30秒くらいととのった。最終的にサウナが唯一無二で、何も代わるものがないということに気づいた自粛期間だった。ちなみに負荷をかけるためだけに始めたランニングは今でも続いている。

2 サウナで失敗の話

わたしが初めて行った真のサウナ施設は、名古屋にあるウェルビー栄だった。そう、男性専用サウナだ。当時のわたしはサウナ施設に男性専用があるということすら知らないほど、サウナというものを知らなかった。友人がウェルビー栄に泊まっていて「一緒にサウナへ行こう」と言うので、もちろんそのウェルビー栄というサウナへ行くものだと思い、ズンズン中へ入り、受付で「大人一人」と言ってのけ、受付の方をびっくりさせた。

そしてその2年後、堂々と「大人一人！」と言って男性専用サウナウェルビーに凱旋訪問する日がやってきた。なんとレディースデーを作ってくれたのだ。大きくて熱々のドライサウナにセルフロウリュできるフィンランドサウナ、そして凍っている水風呂。男性たちはここで至福の時を過ごしていたのか。最高に気持ちよかったけれど、同時にやはり悔しかった。あの日、間違えてそのままサウナ室まで入っちゃってよかったかもと思うほど。

3 初めてのサウナの話

初めてのサウナはウェルビー侵入事件の直後だった。友人に連れられて行ったのが名古屋の今池にあるサウナ施設、アペゼ。彼は食堂で一通りサウナを語った後、「最初に水風呂に一瞬入って。それからサウナ。7分したら出る。水風呂に入って、椅子を見つけて座って。それから僕にどんな感じがするかLINEして」と言って、男風呂へ消えていった。サウナなんか好きじゃないし、正直サウナも水風呂も入らなくてもバレない。でも嘘をついて「よかったよ」なんて言っても気持ちが悪い。とりあえず言われたとおりにやってみることに。最初に水風呂なんて心臓発作で死んでしまうかもしれないと思いながら、息を止めて水風呂に一瞬入った。寒かったせいでサウナ室では体が温まって気持ちよく、それからだんだん汗が吹き出す。7分どころか12分経っていた。水風呂へ。一瞬ではなく10秒くらい入った。連絡する。「寒いのか暑いのかわからない！ 12分余裕だった。水風呂に入ってたら、ふんわりした」すると「サウナかなりいいから、ガッツリ水風呂入って」と返事が来た。

これがわたしの初めてのサウナで、初めてのととのいだった。そしてこの彼は、メディアサイトTABI LABOの創始者でありNEW STANDARD代表のビンちゃんこと久志尚太郎くん。ビンちゃんは中学卒業後、単身渡米し、16歳で高校を飛び級卒業。帰国後に19歳でDELLに入社。その後、起業した人。サウナが好きな人はいい意味でぶっ飛んでいる人が多い。ビンちゃんとはその後フィンランドまでサウナ旅にも行く仲に。わたしの人生にサウナを送り込んでくれたビンちゃん。ビンちゃんがいなかったら、この本もなかった。

4 タナカカツキさんの話

初めてサウナへ行く前に「これを読んでおくこと」と我がサウナ先生、ビンちゃんから指定図書された「サ道」。それから人生2度目のサウナで、サウナ大使のタナカカツキさんと一緒に汗を流すというなんとも恵まれたサウナデビューだった。ちなみにそこには「MUSIC FOR SAUNA」でおなじみの作曲家のとくさしけんごさん、ウェルビー代表の米田さんもいたという。その人たちがサウナ界のオールスターメンバーのような人たちだったとは、その当時は全然わからないまま……。

カツキさんにはそれ以来ずっとお世話になっていて、拙著「週末フィンランド」の帯も書いてくれたし、仕事から人生の決め事までいろいろな相談に乗ってもらっている。ハッとするようなアドバイスがやって来て、いつもすっきり答えに導かれる。カツキさんはサウナなのかもしれない。

5 サウナと女性の話

女性に「サウナって痩せますか？」とよく聞かれる。正直に言うと、痩せない。サウナ後のご飯がおいしいから。でもわたしは、心の健康こそ体の健康であり、心が健康であれば自然といい食事をして、運動をして、健康的になっていくと思う。見た目が痩せることより、心と体の健康が女性にとっての「キレイ」なのではないかなと。サウナは、モヤモヤや悩みなどをとっぱらい、心を健康にしてくれるし、自律神経がととのい、代謝がよくなり、冷えが改善されるなど基礎的な健康を作ってくれる。わたしは超絶冷え性で、年中肩と首がガチガチで週一のマッサージが欠かせなかったのに、今は靴下を手放し、マッサージに行くこともあまりなくなった。女性はサウナに行ったほうがいい！

6 サウナをすすめる時の話

サウナをまだ知らない人たちに、サウナへ行ってハッピーになってもらいたいと、友人たちを半ば無理やりサウナへ連れていっていた時期があった。自分がいいものと信じているから、みんなにもいいものだと思っていたが、結果友人たちはハマってくれなかったり、今日はいいと断られたり。そんな時に遠藤周作の「沈黙」を読んだ。わたしは自分の信仰を押し付けている宣教師のようだと感じてしまった。信じていると言ってもそれぞれの尺度がある。信仰のそれと同じで、その人がサウナでどれほどととのっているかというのはわたしにはわからないし、必ずしも自分と同じではない。それ以来、とにかく自分がサウナを楽しむことにした。そしてサウナに興味を持ってくれる人には、サウナのことをしっかり話すようになった。すると一人でサウナに行ってみたと報告が来たり、一緒に行こうと誘ってくれるように。自分の好きなことを好きになってもらうのは、やはりうれしいことだ。

7 なぜサウナが好きかの話

「気持ちがいいから」だけれど、そんな簡単な話じゃない。泣きたくなるようなことを「ま、いっか」と思わせてくれたり、肩こりからくる頭痛がよくなったり、ブラックホールに吸い込まれるような感覚や宇宙を飛んでいる気分になったり、くだらないことで友達と大笑いしたり、ただのカレーうどんがめちゃめちゃおいしかったり、怒っていたのにどうでもよくなって急に幸せと感謝でいっぱいになったり、ただの熱い箱と冷たい水なのに、こんなに彩りのある体験をさせてくれるのがサウナ。なぜ好きかというと、「サウナがサウナだから！」

8 サウナな人たちの話

サウナに行くようになってからサウナで出会う友達が増えた。わたしは彼らを蒸し友と呼んでいる。サウナで待ち合わせしてサウナで解散することもあるが、サウナ以外で遊ぶことはあまりない。好きなことが同じなので、サウナの話ばかりで特にプライベートの話をすることもなかったりする。中には本名も知らないし、仕事も実際何をしているのか知らないまま、一緒にサウナに行っている蒸し友もいるし、サウナ旅行まで行ったりもする。でもそれが心地よい。サウナを好きな人は人との心地よい距離を知っている人が多い。

9 サウナで泣いた時の話

人間関係で自分の思ったとおりに行かないことがあって、心がごちゃごちゃでどうしようもない夜があった。そんな心がひっちゃかめっちゃかな夜には、サウナ！ 向かったジムの中にあるサウナは、薄暗くてシーンとした教会の「懺悔部屋」のよう。神父さんもいなきゃ、教会だったら追い返される丸裸だったけれど……。自分と向き合って、気持ちを整理していると汗と一緒に自然と涙がポタポタ出てきた。でも誰もいないし、たぶん誰も来ない。このまま思いっきり泣いてやれ！　とボロボロ涙とダラダラ汗を流した。すっきりするまでとことんサウナで泣いて、冷たいシャワー・休憩を繰り返した。邪魔するものがなく、音もなく、薄暗い光の中、一人でいられる空間って世の中にそんなにないと思う。しかもティッシュやハンカチで涙を拭うなんてことを考えず、好きなだけ垂れ流してOK。心の解放、そのもの。それまでは、心や体が疲れていてスッキリしない時にサウナへ行って優しい気持ちになったり、細かい心配をするのをやめたり、前向きになるためにサウナへ行っていたけれど、まさかサウナ室で感情が爆発して号泣するとは思っていなかった。あの日、サウナに行って感情を吐き出さずにいたら、もしかしたらもっと深い闇に落ちていたかも。わたしたちは、誰でも憂鬱な日も悲しい日も落ち込む日もある。そんな日はサウナで汗と一緒に涙も流しちゃえば大丈夫。きっと明日からまたがんばれるはず。

10 ととのう、ということの話

サウナ好きの間では、サウナ、水風呂、休憩で得られる多幸感とか恍惚感のことを「ととのう」と表現するのだけど、よくできた言葉だなと思う。あるべき場所に戻してととのえる。綺麗にととのえる。乱れていたものをととのえる。そういうことだ。わたしは心のととのいと、体のととのいがあると思っている。目がグワングワン回りながら、まるで体から炭酸水がジュワジュワ出ているかのような体のととのいと、乱れて落ち込んでいた気分を平常値に戻して気持ちが晴れやかになる心のととのいだ。どちらかだけが来る時もあるし、どちらも来ない時もある。マイルドだったり、激しかったり、その日の自分と行ったサウナの相性もある。わたしのととのいと、わたしの隣で全裸で目を瞑っている友人のととのいは違う。ととのいは毎回違うし、いつも同じじゃないから楽しいのだ。

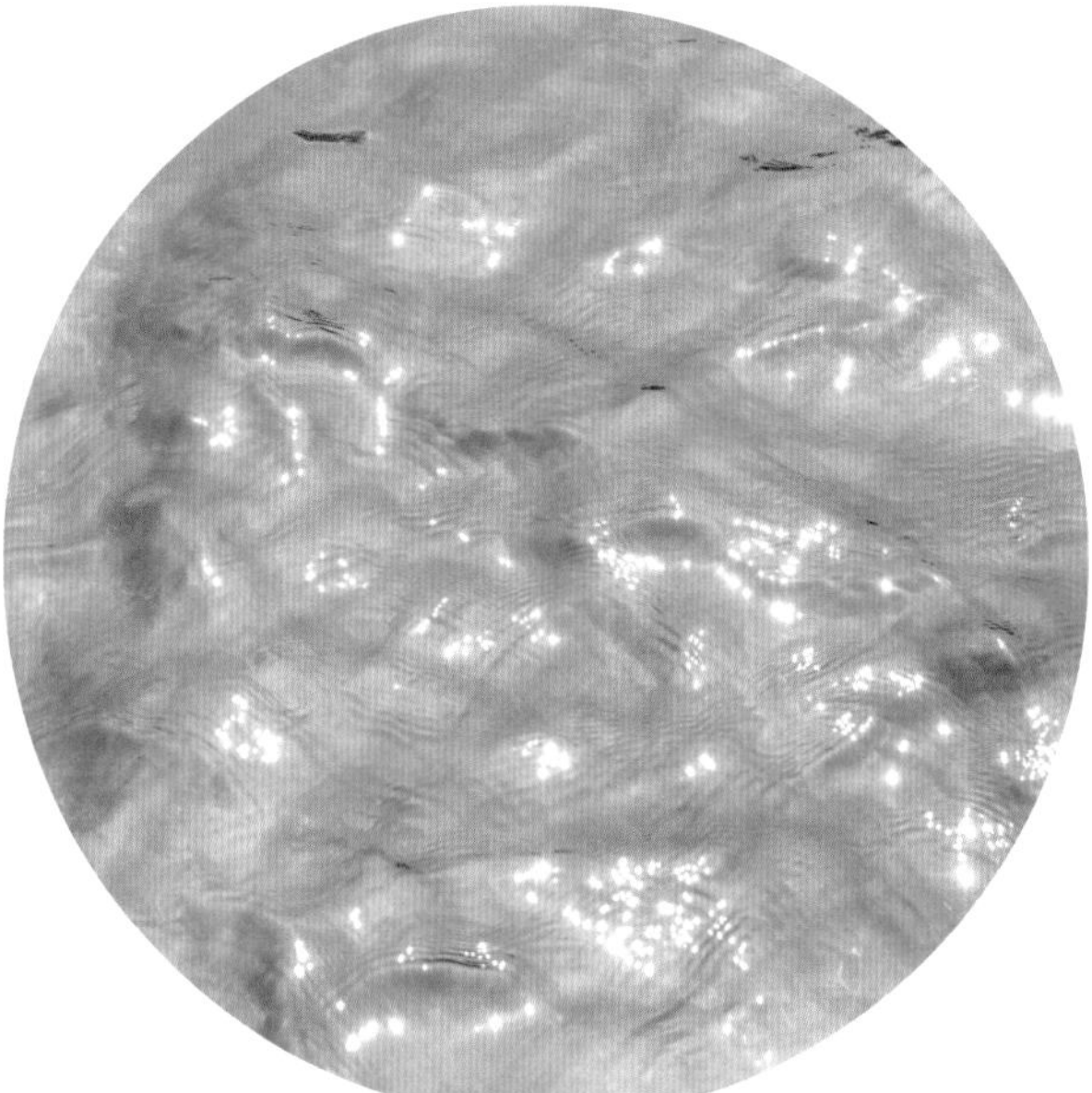

第3章

終わらせたくないサウナの旅。

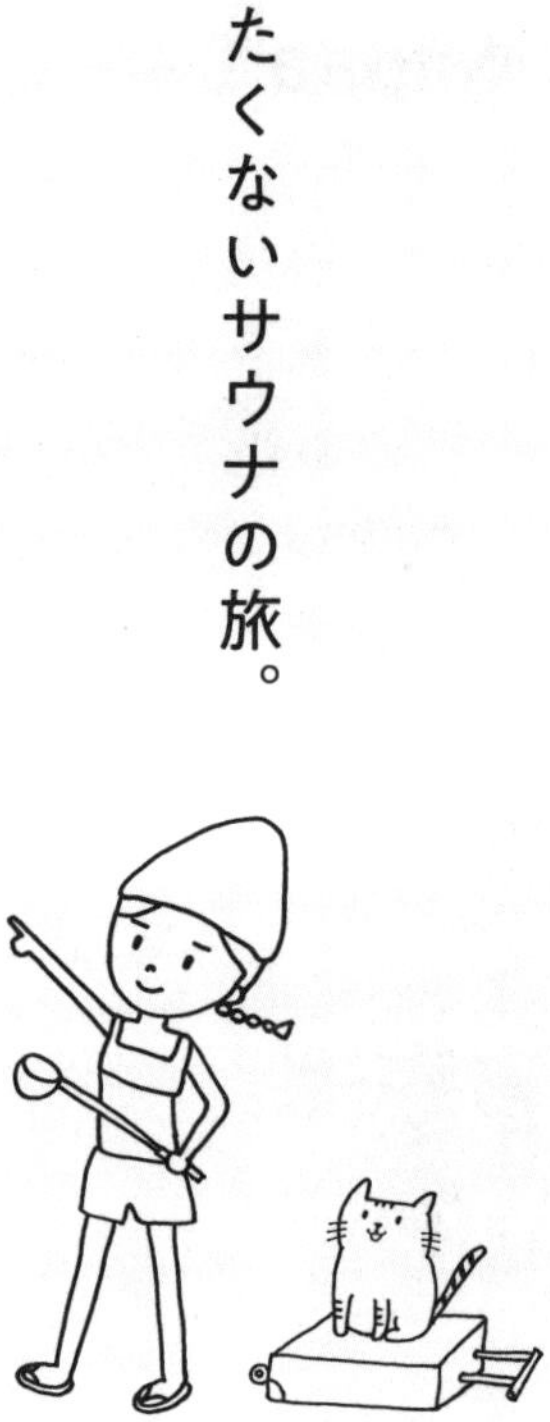

全国

テントサウナの伝道師「サウキャンさん」

テントサウナの醍醐味は、自分が場所を選べること。川や海などはもちろん、ビルの屋上、野外フェスなど自由自在。その土地の水や気候で毎回変わるサウナはキャンプと同じ楽しさがある。

Sauna Camp.

わたしが「サウキャンさん」と呼ぶキャンプとサウナが好きな青年たちが、自然の中でサウナに入ることの楽しさを伝える活動をしている。彼らのテントサウナは熱がしっかり籠もっていて湿度が重厚！ いろんなテントサウナを試してたどり着いたロシアから直輸入の三層式のハイパワーテントサウナを使っているのだ。最近は、キャンプサイトだけでなく音楽フェスなどにも出ていて、サウナを知らない層にも楽しさの伝導をしている。

INFORMATION

URL https://saunacamp.net https://twitter.com/SaunaCamp

NOTE アウトドアで楽しめるテントサウナの情報を発信するユニット。近年は、愛知県蒲郡市で開かれる野外フェス「森、道、市場」でサカナクション主宰のカルチャープログラム「NF」とコラボし、音楽を楽しみながらプールサイドでテントサウナに入る企画や、原宿の宿泊施設の屋上でテントサウナを楽しめる「原宿サウナ」など、様々な場所・イベントでテントサウナの魅力を伝えている。また、ロシア製テントサウナ「MORZH」(モルジュ)の日本正規代理店も務めている。

全国

サウナ好きが集まるビジネスホテル

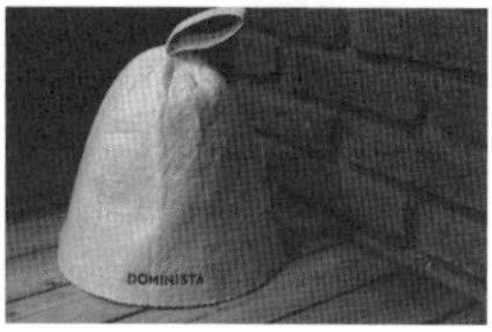

泊まるたびに「ここの運営スタッフはお風呂・サウナが好きな人たちだろうな～」と思う。小さなスペースでもできるだけ露天を作ってくれているし、サウナ施設ではないのに水風呂を冷たく保ってくれている。

ドーミーイン

出張や一人旅で自分で宿を選べる時、密かにガッツポーズする。ドーミーインに泊まれるからだ。ドーミーインは、ほとんどの施設にサウナ・水風呂がついている。なかなかそういうビジネスホテルはないし、夜中に無料で提供される名物の夜鳴きそばも大好きだ。さらには露天風呂で外気浴までできてしまう。ドーミーインのスタッフのみなさん、ありがとうございますと思いながら、いつも熱々のサウナと冷たい水風呂を味わっている。

INFORMATION

URL https://www.hotespa.net/dormyinn

NOTE 全国展開しているドーミーインのサイトには「ドーミーインめぐり ご当地お湯自慢」というページがあり、浴場情報をチェックできる。例えば「ドーミーインEXPRESS仙台シーサイド」（写真上）のサウナはオートロウリュであることや、「ドーミーイン稚内」は水温を一定に保つチラーがついていないため、冬は平均10度前後（低い時は1桁台=シングル、グルシン）の冷たい水風呂とサウナですっきりリフレッシュできるなど、サウナ好きにはうれしい情報が満載。ドーミーインにはサウナーが集まるオンライン上の部活「サウナ部」があり、本田直之さん&松尾 大さんとオリジナルサウナハットを作って販売もしている。

あるテレビ番組で白銀荘が紹介された際、露天スペースに積もった雪にダイブした写真を使わせてほしいと依頼があり、わたしの顔面ダイブ+雪の中でお尻を晒した姿が全国放送で流れるという事態に。

北海道

冬のサウナ上がり雪の中へダイブしたい

白銀荘

十勝岳の登山者と地元の人が来る源泉百パーセントの天然温泉なのだが、「北の聖地」と呼ばれるようになったのは旭川出身のレジェンドサウナー、濡れ頭巾ちゃんを育てたサウナだから。わたしが行ったのは雪深い二月。サウナは総ヒバ造りでいい香り。水風呂はコップでそのまま飲める。露天の気温はマイナス十度。自分の背丈より高い雪にサウナ上がりに全裸でダイブという大変ワイルドな冷やし方ができる。白銀荘は冬がおすすめ。

INFORMATION

ADDRESS 北海道空知郡上富良野町吹上温泉

URL http://kamifurano-hokkaido.com

OPEN 10:00～22:00(受付21:00まで／朝風呂6:00～8:00は宿泊者のみ)

ACCESS CAR JR上富良野駅から約20分

BUS JR上富良野駅から町営バス十勝岳温泉行きで30分

PRICE 大人700円／中・高校生500円／小学生300円

NOTE 水着、バスタオルのレンタルあり／宿泊施設(別料金)あり

北海道

自然の中で外気浴
静かに空を見上げる時間

「今この瞬間は最高だけれど、もし冬の雪の降る夜だったら……」と秋めく空を見ながら思いを巡らせていたら、さらに「想像ととのい」した。やはり季節を味わえるサウナが好きだ。

ログホテル メープルロッジ

広大な自然の中にぽつんと建つログハウスがメープルロッジだ。いいサウナだとは聞いていたが想像以上だった。露天スペースにセルフロウリュができるサウナ小屋がある。しっかりと蒸されながら小屋の窓から森の緑が見られる。水風呂は源泉で露天岩風呂。水はキーンと冷たいのにトロトロという不思議。そのまま椅子に座り揺れる緑を見ながら外気浴。サウナ、水風呂、休憩がすべて外で完結する。蝦夷の空にぶっ飛ばされること間違いなし。

INFORMATION

ADDRESS	北海道岩見沢市毛陽町183−2
URL	http://www.maplelodge.or.jp
OPEN	日帰り入浴 11:00〜20:00(最終受付19:00)／宿泊者 チェックイン〜24:00、翌朝5:00〜9:30
ACCESS	CAR 岩見沢市街から約20分／札幌から約60分／旭川から約90分
	BUS 岩見沢ターミナル発北海道中央バスで約40分
PRICE	日帰り入浴 大人800円／小人250円
NOTE	レンタルタオル(有料)／宿泊者限定で岩見沢駅から無料送迎あり

北海道

これぞ北海道！雪の中の外気浴が最高

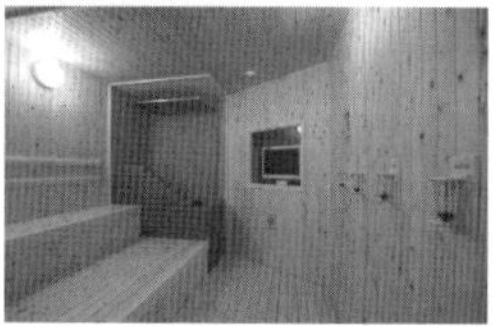

「北海道らしいところへ行こう」と北海道の蒸し友が連れてきてくれた。サウナ好きがこぞってやってくる場所ではないけれど、本州では味わえない寒さと雪の中の外気浴が最高だった。

湯元 小金湯

わたしが一番好きなのは、寒い日にサウナに入り、雪を見ながら外気浴をすること。そんな体験を存分に味わえたのが小金湯だ。十二月初めに行ったのだが、さすが北海道。大雪だった。サウナ室はヒノキで作られていて、じっと座ってじっくり汗を出せる八十五度程度。水風呂は水通し程度にして露天スペースで雪の中、足だけ露天風呂に入れて体を冷やす。北海道の人は冬が大変と言うかもしれないが、冬の間ずっとこれができるのは羨ましい。

INFORMATION

ADDRESS 北海道札幌市南区小金湯25

URL http://koganeyu.jp

OPEN 日帰り入浴 10:00～23:00

ACCESS CAR 札幌市街から約60分

BUS JR札幌駅・地下鉄さっぽろ駅から定山渓線⑦⑧番「定山渓車庫前」行または豊平峡温泉線⑦⑧番で約60分／地下鉄南北線真駒内駅から真駒内線⑫「定山渓車庫前」行で約30分

PRICE 大人(中学生以上)800円／子供400円／シルバー800円

NOTE タオル・浴衣のレンタルあり

宮城

気仙沼に通いたくなる あったかい時間

2017年に長野から気仙沼にやってきた移動式サウナ。サウナの天井は松、ベンチは熱が伝わりにくいアバチでできている。一人で入って、ベンチに寝っ転がる、なんて贅沢な時間。

唐桑御殿つなかん

漁船が停泊する港から歩いてすぐ、民宿「つなかん」の前に突如現れるのは、淡い黄色と丸いフォルムがかわいい「サウナトースター」。中に入ると、アバチでできたベンチに、フィンランドのHARVIA社の薪ストーブ。セルフロウリュできるのがうれしくて、ついかけすぎると、一気に熱がまわった。あったまったら、外に出て、静けさと自然の中で外気浴。民宿に帰ると、おかみさんの笑顔がまた温かいこと。すぐに気仙沼に帰ってきたくなる。

INFORMATION

ADDRESS 宮城県気仙沼市唐桑町鮪立81

URL http://moriyasuisan.com

ACCESS CAR 東北自動車道「一関I.C」から約110分
三陸自動車道「登米東和I.C」から約100分
JR気仙沼駅から約40分

PRICE 1室2名以上2食付き9,300円／朝食付き6,480円／素泊まり5,560円／
1室1名利用の場合+1,000円

NOTE サウナ利用は宿泊者のみ

東京

ビールとDJとサウナ シンプルでかっこいい！

Photograph by YURIKA KONO

シンプルなのに、すべてがかっこいい。例えば番台はビアタップとDJブース。浴室の壁には「きょうの猫村さん」の作者ほしよりこさんの絵。新しいと古いがちょうどよく融合しているからだろうか。

黄金湯

モダンの中にレトロな趣きを感じられるデザインでリニューアルした創業八十八年の黄金湯。クラフトビールがタップで提供され、セルフロウリュができるサウナという、わたしの好きなもの三つの中の二つを網羅している（残りはコーヒー）。サウナ室はとても小さいのだが、その分セルフロウリュで熱の伝わりが早いし熱い。水風呂はほかの湯船くらいに存在感がしっかりある。水曜は男風呂と入れ替えなので、次は男風呂にも入ってみたい。

INFORMATION

ADDRESS	東京都墨田区太平4－14－6 金澤マンション1F
URL	http://koganeyu.com
OPEN	10:00～24:30 ［土曜］15:00～24:30 第2・第4月曜休み
ACCESS	JR錦糸町駅北口から徒歩6分
PRICE	大人470円（90分）／中学生370円／小学生180円／幼児80円 サウナ ［平日］女性300円／男性500円（+1時間） ［土日］女性350円／男性550円（+1時間）
NOTE	水曜のみ男女入れ替え／レンタルタオルあり

老舗サウナのレディースデーに感謝

サウナ室のテレビには、サウナストーブが真横にあるのに、焚き火の映像が流れている。そして水風呂のテレビには水の上なのに、海や湖が映し出されている。この追い討ちをかける感じがわたしはすごく好きだ。

サウナセンター

東京の現存するサウナの中でも長い歴史を持つ一九七一年創業。男性専用サウナだが、レディースデーを開催してくれたので行ってきた。老舗だが施設の人の清掃が行き届いていて清潔なのですごく清々しい。サウナは体の芯からじわじわ熱してくれる。わたしはここの水風呂のタイルが大好きだ。黒字に白い丸が敷き詰められていて、ゆらゆら揺れる。冷たいペンギンルームで休憩しながら、ここに好きな時に来られる男性たちを羨ましく思った。

INFORMATION

ADDRESS	東京都台東区下谷2-4-7
URL	http://sauna-center.jp
OPEN	24時間営業
ACCESS	JR鶯谷駅南口から徒歩3分／東京メトロ日比谷線 入谷駅から徒歩3分
PRICE	3時間1,200円(平日限定)／8時間1,800円(深夜1:00～5:00は3,000円)
NOTE	男性専用施設／入館料にタオル、バスタオル、館内着込み レディースデーの情報は公式サイトやTwitterを確認

東京

ドラマでおなじみレディースデーに潜入！

サウナ室はオレンジ。外気浴は水色。体感だけではなく、視覚でも熱と風を感じられる北欧。ここの外気浴は、晴れでも曇りでも雨でも、どんな天気でもぶっ飛ばされる気持ちよさ。

サウナ&カプセルホテル 北欧

ドラマ「サ道」で見ていた北欧は男性専用。そこにレディースデーで入らせてもらった。期待に違わぬ上質のサウナだった。サウナストーブはＳＡＷＯストーブをカスタムしたもの。百度を超えている。水風呂はキンキンで灼熱の体を一瞬で冷やしてくれる。前回行った時は十度だった。ドラマで三人が椅子に座ってととのっている外気浴スペースは、真似しようとしなくても、自然とあの三人と同じ恍惚フェイスになってしまう気持ちのよさ。

INFORMATION

ADDRESS	東京都台東区上野7-2-16
URL	http://www.saunahokuou.com
OPEN	サウナ12:00～23:00(現在は完全予約制)
ACCESS	JR上野駅浅草口から徒歩1分
PRICE	ネット予約3時間2,000円／延長800円
NOTE	男性専用施設 レディースデーの情報は公式サイトやTwitterを確認

東京

外気浴で東京の空を眺める記憶に残るサウナ

水風呂に入りながら、タイルで描かれている赤富士を見ると、「あれ、今、河口湖で浮かんでるんだっけ？」と錯覚……はしないけれど、浴室の淡い色合いは心がスーッと落ち着く。

両国湯屋 江戸遊

新型コロナウィルスでサウナに行けなくなる日がくるとは思っていなかった。緊急事態宣言直前、最後のサウナになるとはつゆ知らず行ったのが江戸遊だった。サウナはフィンランド式&オートロウリュでいい湿度に保たれている。外気浴では空が見える。東京のサウナで空が見えるのは、外気浴好きのわたしにはとてもうれしいことなのだ。「あれが最後のサウナだった、気持ちよかったな」と二カ月間、何度も思い出す月夜の外気浴だった。

INFORMATION

ADDRESS	東京都墨田区亀沢1−5−8
URL	http://www.edoyu.com/ryougoku
OPEN	11:00〜翌9:00
ACCESS	都営大江戸線 両国駅A3・A4出口から徒歩1分 JR総武線 両国駅東口から徒歩5分
PRICE	大人2,750円／中人2,050円／深夜追加料金1時間毎340円（深夜1:00〜6:00） [朝風呂 6:00〜8:00]大人1,250円／中人950円　[短時間利用]1時間1,250円
NOTE	入館料に館内着、タオル、岩盤浴衣利用料込み

厳かな雰囲気のサウナだが、時折隣にある遊園地のジェットコースターに乗っている人たちの叫び声が聞こえてくる。こちらは裸で瞑想、隣では乗り物で絶叫というカオスがなぜかとても好きだ。

東京

一日ゆっくりできる都心のサウナ

スパ ラクーア

都内で初心者におすすめのサウナは？　と質問される時必ず挙げるサウナの一つがスパラクーアだ。都心でセルフロウリュができる本格フィンランド式サウナ小屋「ヤルヴィ」があるからだ。ドアを開けると薄暗く神聖な雰囲気。ロウリュの蒸気を浴びられるようにサウナストーブより上に座る。サウナ好きの玄人たちも大好きなサウナだ。水風呂は入りやすい二十二度。ここはサウナだけではなく食事もしたりして、一日ゆっくりできる場所。

INFORMATION

ADDRESS	東京都文京区春日1−1−1 東京ドームシティLaQua5〜9F（フロント6F）
URL	https://www.laqua.jp/spa/
OPEN	11:00〜翌9:00（浴室の利用は翌朝8:30まで／露天風呂は翌朝7:30まで）
ACCESS	東京メトロ 丸ノ内線・南北線 後楽園駅から徒歩約1分 都営大江戸線 春日駅から徒歩約2分／都営三田線水道橋駅から徒歩約3分 JR中央線・総武線 水道橋駅から徒歩約6分
PRICE	大人2,900円／6〜17才 2,090円／深夜割増料金+1,980円（深夜1:00〜6:00） 休日割増料金+350円
NOTE	入館料に館内着、タオル、各種アメニティ込み

東京

早起きしてよかった！レディースデーを狙え

これが女性たちをヘロヘロにさせた水風呂「サンダートルネード」。ただでさえ8.5度という脳まで突き抜ける冷たさなのに、ものすごい渦が巻いている。本場フィンランドのアイススイミングより冷たい！

かるまる 池袋

ずっとやきもちを焼いていた。かるまるのことを聞くのも見るのも嫌だった。すごくいいサウナだが、男性専用だから。しかしある日、レディースデーが開催され、早起きが大嫌いなわたしが始発で行った。ビルの中にケロサウナ、薪サウナがあるクレイジーさ、そして水風呂はチラー壊れませんか？と尋ねたくなる八・五度。ぶっ飛ばされるととのい方だった。貪欲にかるまるのサウナと水風呂を堪能した女性たちは完全にヘロヘロになっていた。

INFORMATION

ADDRESS	東京都豊島区池袋2-7-7 6F
URL	https://karumaru.jp/ikebukuro
OPEN	11:30～翌10:00（浴場利用時間は11:30～翌9:00）
ACCESS	JR山手線・東京メトロ池袋駅西口のC6出口から徒歩30秒
PRICE	2,980円／60分1,480円／深夜+1,980円／早朝1,980円／休日+480円
NOTE	男性専用施設／入館料にフェイスタオル、バスタオル、館内着込み レディースデーの情報は公式サイトやTwitterを確認

東京

サウナデビューしたい女性に必ずすすめます

サウナ室は広々、初サウナの女子は下段に座って慣れていくのがよし。それでも無理なら、泥&塩パックをしながら低温サウナに入れば、「ととのい」までは行かなくても十分心も体も綺麗になる。

東京新宿天然温泉 テルマー湯

初めてテルマー湯へ行った時、ロッカーで服を脱ぎ浴室へ行こうと飛び出し、共用フロアで全裸を晒すところだった。ここは館内着に着替えて階を移動し浴室で裸になるシステム。あぶないところだった。都内でサウナデビューしたい女性に出会うと、テルマー湯をおすすめすることが多い。女性が好きなことがパッケージでまるっと楽しめるから。美人の湯、露天風呂、高濃度炭酸泉、泥&塩パック、そこからサウナと水風呂にゆるやかに誘導！

INFORMATION

ADDRESS	東京都新宿区歌舞伎町1-1-2
URL	http://thermae-yu.jp
OPEN	11:00～翌9:00
ACCESS	都営新宿線・東京メトロ丸ノ内線・副都心線 新宿三丁目駅E1出口から徒歩約2分
PRICE	2,405円［深夜早朝0:00～9:00］+1,100円［休日］+880円
NOTE	入館料は館内専用ウェアとタオルセット込み

東京

都内で唯一の女性専用 心と体をピカピカに

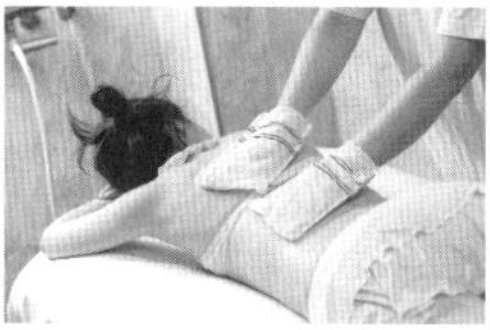

ロウリュサウナの左奥の上段に、一人しか座れない特等席がある。そこに座ってサウナ室を見渡すと、壁に人の汗が染み込んでいるのが見える。「ここでいろんな人が汗を流してきたんだなぁ」としみじみするのが恒例。

ルビーパレス

ルビーパレスは我々女性サウナーの最後の砦！　ここは都内で唯一の女性専用サウナ施設。サウナは心のもやもやを取るために行くのだけれど、ルビーパレスには心＋体をピカピカにしたい時に行っている。サウナが充実の四種類。おすすめはロウリュサウナとよもぎスチームサウナ。しっかり汗をかいたら途中でアカスリを挟む。アカスリの先生たちの熟練の技で信じたくないくらいの垢がどっさり！　肌が眩しいくらいにピッカピカ、ツルツルに！

INFORMATION

ADDRESS　東京都新宿区大久保1-12-2

URL　https://www.rubypalace.com

OPEN　24時間営業

ACCESS　西武新宿線 西武新宿駅北口から徒歩5分／都営大江戸線 東新宿駅から徒歩5分

PRICE　早朝入浴 2時間（8:00～10:00の間に入館）1,000円（延長 1時間 800円）／4時間 1,800円（延長 1時間 800円）／10時間 2,200円（延長 1時間 500円）／深夜料金（深夜1:00～6:00の間に滞在）1,500円（+入館料）／麦飯石サウナ +200円

NOTE　女性専用施設
浴室にシャンプー、リンス、ボディシャンプー、メイク落とし、石けんなどあり

以前、ここで大失態をした。リストバンドをロッカーに置いて着替えていると、自動ロックのドアがバタン！　フロントに行きたいけれど全裸。周りの方に助けてもらった。（実はインターホンがあるのも気づかず！）

東京

表参道で気軽に行ける
─❤銭湯サウナ

南青山 清水湯

表参道で友達とお茶をしていたら「今からサウナ行っちゃおう」と連れてこられたのがこの清水湯だった。高級ブランドの路面店が立ち並ぶ表参道の交差点からすぐの南青山に銭湯があると知って驚いた。サウナは三分に一度ストーブがパッとライトアップされ、オートロウリュされる。三分に一度の頻度なのでなかなかいい温度と湿度が保たれている。水風呂は水が柔らかく、ほどよく冷たい。大都会の真ん中でサウナに入るのも楽しいものだ。

INFORMATION

ADDRESS　東京都港区南青山3-12-3
URL　https://shimizuyu.jp
OPEN　12:00～24:00(最終入場 23:30) [土日祝]12:00～23:00(最終入場 22:30) 金曜休み
東京メトロ 表参道駅A4出口から徒歩2分
ACCESS　サウナコース(入浴料込)1,020円
PRICE　サウナコースレンタルタオル付き(バスタオル／フェイスタオル／ボディソープ／シャンプー／リンス)1,220円
レンタルタオルあり／石けん、シャンプーなどの販売あり／
NOTE　店内で生ビールやソフトクリームの販売あり

東京

まるでバーにいるみたい！
モダンな銭湯サウナ

バーか、お洒落な水族館に来ているようなこの雰囲気、お分かりいただけるだろうか。サウナ室の上段は高めで、毎回「よっこらしょ」と言いながら座る。天井が近いためしっかり熱を感じられる。

改良湯

大きなクジラの壁画が目印の改良湯は一九一六年から続く超老舗銭湯。二〇一八年の年末にシックでモダンな銭湯にリニューアルされた。渋谷界隈で女性が行ける唯一のサウナ。自分は一糸纏わぬ姿だというのに、暗めの照明とカラフルなアートでバーにいるような気分になれる。サウナ室の二段目が思いの外高くて、いつもよっこらしょと言う自分にちょっと笑ってしまう。サウナは百度近く水風呂は十四度とメリハリとバランスがすばらしい。

INFORMATION

ADDRESS	東京都渋谷区東2−19−9 金山ビル
URL	https://kairyou-yu.com
OPEN	13:00〜24:00［日祝］13:00〜23:00 土曜休み
ACCESS	渋谷駅・恵比寿駅から徒歩約10分
PRICE	大人470円／中学生300円／小学生180円／未就学児80円／サウナ350円（バスタオルセット込み、入浴料別途）
NOTE	レンタルタオルあり／石けん、シャンプーなどの販売あり

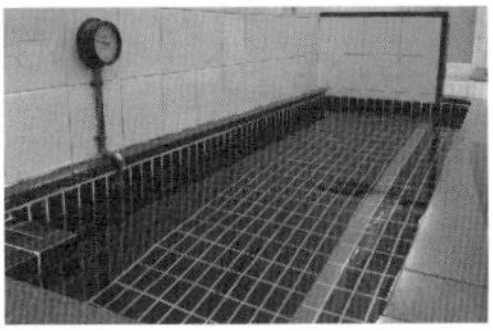

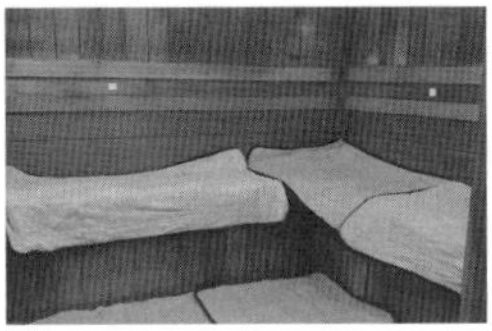

水風呂はいつも25度を指しているが、全然25度ではない。体感では13〜14度くらい。最近チラーを2台に増やしたそう。だからやはり25度ではない。こういうアバウトさも駒の湯が好きな理由。

東京

昭和感がたまらなくて通ってます

駒の湯

なぜわたしが駒の湯に通うようになったかというと、ここの昭和感は格別だから。夏場は入り口でヤンヤン鈴虫が鳴いている。サウナ室では延々と演歌が流れ続ける。小さなサウナ室はサウナストーブがないボナサウナだ。常連さんたちはサウナ室で週刊誌の読書に勤しんでいる。本を読んでいいサウナは初めてだった。水風呂の温度計はいつだって二十五度を指しているが絶対二十五度なわけがない冷たさだ。ここの独特な昭和感がすごく好きだ。

INFORMATION

ADDRESS	東京都世田谷区三軒茶屋2−17−13
OPEN	15:30〜23:30 月火休み
ACCESS	東急田園都市線・世田谷線 三軒茶屋駅から徒歩5分
PRICE	大人470円／中人180円／小人80円／サウナ750円
NOTE	サウナ料金はタオル込み／シャンプー、ボディソープあり

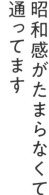

東京

清く潔く 銭湯サウナの心意気

「ぬるくて有名な金春湯の水風呂」だなんて四代目角屋文隆さんは自虐的に言っていたが、チラーを2台に増やし今はすっかり「キンキンに冷たい金春湯の水風呂」に生まれ変わった。

金春湯

国産クラフトビールが置いてある銭湯。そして休憩室には、わたしの著書「エンジョイ！ クラフトビール」も置いてくれている。住宅街の地元の銭湯なのだけれど、サウナがとても清らかでシンプル。サウナマットなし。テレビなし。音楽もなし。ついでにサウナストーブもなし(つまりはボナサウナ)！ ただ更衣室からの明かりがサウナ室の小窓に差しているだけ。貼り紙やJ－POPが流れがちな銭湯サウナで、この潔さはありがたい。

INFORMATION

ADDRESS　東京都品川区大崎3－18－8
URL　https://kom-pal.com
OPEN　15:30～24:00 [日]10:00～24:00
ACCESS　JR大崎駅から徒歩8分
PRICE　大人470円／中学生300円／小学生180円／未就学児80円／サウナ+400円
NOTE　大人1人につき、未就学児1人無料／レンタルタオルあり／シャンプー、ボディソープの備付け(無料)

神奈川

静かに癒されたい夜に行くことにしています

湯けむりの庄は宮前平にもある。綱島同様に、フィンランド式サウナ、水風呂は冷たく、露天スペースは風流。どちらも夜、静かにゆっくりと癒されたい時に行くことにしている。

綱島源泉 湯けむりの庄

温泉旅館のような雰囲気で、お風呂の種類が豊富、さらにはしっかりとしたサウナを持つ、一石四鳥くらいの湯けむりの庄。まずサウナはフィンランド式。ロウリュサービスをしてくれるため、湿度がとても心地よい。そして特筆すべきは、ここのお湯は黒湯！　水風呂まで黒！　黒くて冷たいバイブラ水風呂は、なんだか体の中に染み込んでくるような感覚に。露天スペースは極上。良きととのいのために作られたような風流さがある。

INFORMATION

ADDRESS 神奈川県横浜市港北区樽町3－7－61

URL https://www.yukemurinosato.com/tsunashima/

OPEN 9:00～22:00（最終受付21:00）

ACCESS
CAR 第三京浜道路「都筑I.C」から約17分
TRAIN 東急東横線 綱島駅から徒歩18分
BUS 樽野谷バス停下車、徒歩1分

PRICE ［平日］大人1,200円／小人900円 ［土日祝］大人1,400円／小人1,100円

NOTE 入館料にフェイスタオル、バスタオル、館内着込み
綱島駅間の無料シャトルあり

ここでととのわない わけがない

女性サウナはさらに広くなり、ストーブは2台。そして室内の壁にはボナサウナと温水管が埋め込まれていて四方の壁からも熱が。これだけ蒸されたら、ととのわないわけがない。

スカイスパYOKOHAMA

わたしはスカイスパでととのわなかったことがない。間違いなく毎回、大ととのいができる。まずはサウナがものすごくいい。湿度・温度ともに完璧で、焼き芋のように体の芯からじわじわ温まる。水風呂もしっかり体を冷やせるように絶妙な温度設定になっている。そして休憩はタイル作りのウォームベッド。冷えてととのって、わけがわからなくなった体を優しく毛布のように包んでくれる。「ととのい」を味わいたいなら、スカイスパへ。

INFORMATION

ADDRESS 神奈川県横浜市西区高島2-19-12 スカイビル14F
URL https://www.skyspa.co.jp
OPEN 24時間営業
ACCESS JR・市営地下鉄・私鉄 横浜駅東口から徒歩3分
PRICE [平日]2,450円／延長1時間毎330円(17時以降の入館は5時間まで可)
[土日祝]2,600円(5時間まで) ／延長1時間330円
[全z日]2時間2,050円／1時間1,450円／早朝1,850円
NOTE 入館料に入浴料、施設利用料、アメニティ使用料込み

神奈川

箱根の森の中で穏やかにととのう

森と融合したような露天風呂スペース。このさらに奥にサウナと水風呂がある。この趣！　この自然！　実はまったく期待せず、なんの前情報もなく訪れたので、目がキラキラしてしまった。

箱根湯寮

高級旅館を思わせる和の雰囲気から、サウナはおまけ程度かもしれないと思っていたらうれしい誤算。まず露天の森の中にある、「熱ノ室」と名付けられたサウナ室に入る。わたしが行った時はコロナ禍でアウフグースは中止だったが、スタッフの方が定期的にロウリュしてくれるため、十分熱々で気持ちがいい。サウナ室を出るとすぐ横に水風呂。体を半分木の中に投げ出せる距離。和の穏やかさの中で味わうサウナは気持ちを丸くしてくれた。

INFORMATION

ADDRESS	神奈川県足柄下郡箱根町塔之澤4
URL	https://www.hakoneyuryo.jp
OPEN	[平日]10:00～20:00 [土日祝]10:00～22:00
ACCESS	CAR 小田原厚木道路「箱根口I.C」から約10分／東名高速「御殿場I.C」から約45分
	TRAIN 箱根湯本駅から無料送迎バスで3分
PRICE	大人1,500円／小人1,000円
NOTE	タオル販売あり／浴衣レンタルあり／箱根湯本駅間の無料送迎バスあり

静岡

東京でコーヒーを飲んでからしきじへ行った。サウナ上がりに食べた生姜焼き定食は、最高においしいサウナ飯だった。食べきれないほどの量で680円。東京で飲んだコーヒー1杯と同じ値段だった。

水の質がどれほど大切か教えてくれた

サウナしきじ

「サウナの聖地」と呼ばれるしきじ。年の初めにしきじへ行くことを「しきじ詣」と言うほど、サウナ好きに愛されている。最大の特徴は水風呂。市販のミネラルウォーターよりもミネラルを多く含んだ天然水の水風呂だ。水風呂に入りながら、コップでその水を飲むもよし、ペットボトルで持って帰ってもよし。そしてサウナは二種類。熱々の百十度フィンランド式サウナと薬草サウナ。水の質がどれだけととのいに影響するか感じられるサウナだ。

INFORMATION

ADDRESS	静岡県静岡市駿河区敷地2-25-1
URL	https://saunashikiji.jp
OPEN	24時間営業
ACCESS	CAR JR静岡駅南口から石田街道沿いに約15分
	BUS 市内バスで登呂コープタウン行き「登呂コープタウン」下車、徒歩3分
PRICE	[女性]900円／1時間500円 [男性平日]1,400円 [男性土日祝]1,600円
	毎日6:00~9:00、17:00~深夜2:00まで900円のメンズ・タイムサービスを実施
NOTE	入浴料に館内着、タオル、館内アメニティ込み（女性1時間は別）

京都

京都の水と風が気持ちいい！

白山湯は高辻店と六条店の2店舗ある。どちらの水風呂も、金色のライオンが一頭は高い位置から、もう一頭は低い位置から、京都の上質な地下水をゴーゴーと吐き出している。

白山湯

京都の水は気持ちがいいと気づいたのはここ白山湯でだった。至って普通の町の古い銭湯だがサウナ好きが集まるのもこの水なら納得。百度超えのサウナ室で体をグリルして水風呂へ。深い。底が見えないため、どこまでも続く深さを感じる。ゴージャスな金色の二頭のライオンたちの口から水が吹き出している。しかもものすごい水量。露天風呂があり、外気浴できる。たった四百五十円で、京都の風流な夜風とともにぶっ飛ばされた。

INFORMATION

ADDRESS [高辻店]京都府京都市下京区舟屋町665
[六条店]京都府京都市下京区艮町893
URL http://hakusanyu.co.jp
OPEN [高辻店]15:00～24:00(日7:00～) 土曜定休
[六条店]15:00～24:00(土日祝7:00～) 水曜定休
ACCESS [高辻店]京都市営地下鉄 四条駅から徒歩約10分
[六条店]JR京都駅から徒歩約10分
PRICE 大人450円／中人(小学生)150円／小人60円
NOTE レンタルタオルあり

昭和感に惹かれる京都の名物銭湯サウナ

ここは、わたしが今まで行った銭湯史上最多の貼り紙が貼ってある。壁という壁に注意書きから手作り新聞まで貼り紙渋滞。なのになぜかじーっと読んで「へー」と言ってしまう。

サウナの梅湯

高瀬川のほとりで「サウナの梅湯」のネオンが光っている。フィンランドのＳＡＵＮＡネオンのポップな日本版という感じ。サウナ室にテレビはなく、小さくてカラカラ系の熱さ。キシキシ音がしそうな長椅子の板とレンガの積まれたサウナストーブ周りが昭和っぽくて好きだ。水風呂は白山湯同様ライオンの口から水が出ていた。サウナ上がりに京都出身の友人にライオンの話をすると「逆に京都でライオンじゃないのを見たことない」そうだ。

INFORMATION

ADDRESS	京都府京都市下京区岩滝町175
URL	https://mobile.twitter.com/umeyu_rakuen
OPEN	14:00〜26:00［土日］朝風呂6:00〜12:00／14:00〜26:00 木曜定休
ACCESS	京阪清水五条駅から徒歩約6分／JR京都駅から徒歩約15分
PRICE	大人450円／中人150円／小人60円
NOTE	レンタルタオルあり

熊本

ここは秘境の滝ですか？日本一深い水風呂を体験

ほぼ自分の背丈の水の中であっぷあっぷしていたら、頭上から物凄い量の冷水が降ってくる。こんな体験、本来は秘境の滝でするようなことだと思うのだけど、なぜかここでできてしまう。

湯らっくす

湯らっくすが「西の聖地」と呼ばれている理由はいくつかある。まずはメディテーションサウナ。最小限の明かりとかすかに聞こえる音で瞑想ができるセルフロウリュサウナだ。そして水風呂は日本一の深さ。男性は一七一センチ、女性は一五三センチ。極め付けはＭＡＤＭＡＸというボタンを押すと、頭上から一分間に二五〇リットルもの水が降ってくる。必死に綱に摑まって入る水風呂なのだ。いろんな意味でクレイジーなサウナ施設だ。

INFORMATION

ADDRESS	熊本県熊本市中央区本荘町722
URL	https://www.yulax.info
OPEN	24時間営業／サウナ10:00～翌8:00
ACCESS	TRAIN JR平成駅から徒歩約3分
	CAR 九州自動車道「熊本I.C」から約22分／「御船I.C」から約25分
PRICE	大人590円／小人300円 [土日祝]大人690円
	[湯らっくすコース全日]大人1,300円／小人300円(深夜+1,500円)
	[湯らっくすコース3時間]大人890円／小人136円
NOTE	湯らっくすコースは館内着&タオル込み

おわりに

以前の「旅」は、観光スポットを見に行くことがメインだったのに、サウナを好きになってからは行きたいサウナがあるからその土地へ行って、その土地の名物を食べて、時間があれば観光スポットを見て帰るという旅のしかたにすっかり変わりました。「〇〇行ったのに、〇〇見ないで帰ったの？」と言われると、その土地のことをないがしろにしているような気になったりしますが、旅って道中の楽しいおしゃべりとか、目的地で変な人を見て笑っちゃったとか、ハプニングとか、おいしい食事をしたこととか、「体験」が思い出として記憶に残ると思うんです。だから目的地＝サウナで、観光しなかったことに罪悪感を感じないでいいと思っています。だってサウナのために旅して、汗をかいて五感を開きまくるって最高の体験じゃないですか？　カラダがずっと覚えていてくれます。その旅の思い出。

「サウナの本、作りませんか？」といろは出版の編集者、橋住 朋さんから連絡をもらったのは、やはりサウナ旅中。ちょうど名古屋のサウナラボの帰り、コーヒーを飲もうとカフェに入ったところでした。ずっとサウナの本を書きたかったので、まぁまぁ大きめの声で「ひょえー、マジかー！」と言ってしまいました。そして後日、橋住さんが「編集は以前、雑誌Coyoteで編集をしていた足立菜穂子さんにお願いしようと思っていますが、SAUNA for Beginnersの号、ご存知ですか」と。

実は足立さんとはこのお話をもらうずいぶん前に出会っていて、当時わたし

はサウナの連載も記事も書いていなかったのに、足立さんは初めて会った時「もし岩田さんがサウナの本を書くなら私が編集したいです」と言ってくれたんです。（足立さんは覚えていないかもしれないですが！）その時はいつかサウナの本を出せるように、これからも書く仕事がんばろ！って思いました。それから三年。橋住さんが偶然、足立さんを引っ張ってきてくれたことで、サウナ好きな我々三人が集まり、写真は安彦幸枝さん、装丁・デザインは宮崎絵美子さんにお願いしてできたのがこの本です。

そう、この本、全員女性で作りました。まず、サウナの旅エッセイ本っていう規格外の本である上に、その本を女性だけで作ったというのはわたしの誇りです。サウナが女性のものでもあるというのを見せたかった！　そして37のサウナ施設のみなさんが快く取材・撮影に協力してくださったおかげでできあがりました。

ここまで読んだ方は、37のサウナの中から次に行きたいサウナ、すでに心の中で決めちゃっているはずです。それではみなさん、ととのい多きサウナ旅を！

某サウナにて

岩田リョウコ

岩田リョウコ Ryoko Iwata

兵庫県生まれ名古屋育ち。コロラド大学大学院で日本語教育学を学び、2009年から外務省専門調査員として在シアトル総領事館勤務。在米中の2015年にアメリカで出版した『COFFEE GIVES ME SUPERPOWERS』は、Amazonランキング全米1位のベストセラーに。世界5ヵ国で翻訳出版されている。サウナ好きが高じてフィンランド政府観光局フィンランドサウナアンバサダーに任命される。著書に『週末フィンランド ちょっと疲れたら一番近いヨーロッパへ』（大和書房）、『エンジョイ！ クラフトビール 人生最高の一杯を求めて』（KADOKAWA）、『コーヒーがないと生きていけない！毎日がちょっとだけ変わる楽しみ方』（大和書房）がある。

HAVE A GOOD SAUNA!
休日ふらりとサウナ旅

2021年2月 6日　第1刷発行
2021年2月22日　第2刷発行

著者　岩田リョウコ

発行者　木村行伸
発行所　いろは出版株式会社
京都市左京区岩倉南平岡町74
Tel 075-712-1680　Fax 075-712-1681
HP http://hello-iroha.com
Mail letters@hello-iroha.com

印刷・製本　シナノパブリッシングプレス
装丁・デザイン　宮崎絵美子
撮影　安彦幸枝
編集　足立菜穂子、橋住 朋
イラスト　岩田リョウコ
校正　笹浪真理子

©Ryoko Iwata, 2021, Printed in Japan

乱丁・落丁本はお取替えいたします。
ISBN978-4-86607-190-9